爆文
新媒体文案创作与传播

李 军 ◎ 编著

清华大学出版社
北京

内 容 简 介

本书主要介绍了新媒体文案的从业素养、新媒体文案的创意与写作、撰写与传播新媒体文案、新媒体文案的写作形式、新媒体文案的标题与布局、新媒体文案的配图与排版、新媒体文案的营销与推广及新媒体活动策划共 8 章的内容。

本书适合从事文案策划与写作的自媒体人、从事软文营销的工作人员、从事微信营销的个人和企业、从事企业营销和新媒体传播实践工作的读者使用，可作为各级院校市场营销类、企业管理类、商务贸易类、电子商务类专业文案课程的教学用书。

本书封面贴有清华大学出版社防伪标签，无标签者不得销售。
版权所有，侵权必究。举报：010-62782989，beiqinquan@tup.tsinghua.edu.cn。

图书在版编目(CIP)数据

爆文：新媒体文案创作与传播/李军编著． —北京：清华大学出版社，2021.8（2024.7重印）
ISBN 978-7-302-58730-9

Ⅰ．①爆… Ⅱ．①李… Ⅲ．①传播媒介—文书—写作 Ⅳ．①G206.2

中国版本图书馆 CIP 数据核字(2021)第 141532 号

责任编辑：魏　莹
封面设计：李　坤
责任校对：李玉茹
责任印制：杨　艳

出版发行：清华大学出版社
　　网　　址：https://www.tup.com.cn, https://www.wqxuetang.com
　　地　　址：北京清华大学学研大厦 A 座　　邮　编：100084
　　社 总 机：010-83470000　　邮　购：010-62786544
　　投稿与读者服务：010-62776969, c-service@tup.tsinghua.edu.cn
　　质量反馈：010-62772015, zhiliang@tup.tsinghua.edu.cn
印 装 者：三河市少明印务有限公司
经　　销：全国新华书店
开　　本：170mm×240mm　　印　张：13　　字　数：249 千字
版　　次：2021 年 8 月第 1 版　　印　次：2024 年 7 月第 3 次印刷
定　　价：49.80 元

产品编号：087023-01

前言

总会有人问，新媒体文案的工作是做什么的？

美国《连线杂志》提出："新媒体是所有人对所有人的传播。"弗洛伊德曾说："言辞具有不可思议的力量。"

通俗来说，新媒体文案其实就是要通过文字，把这种不可思议的力量传播给大家。

随着互联网和智能手机的普及，传统的媒体如电视、广播、杂志、报纸等平台早就不能满足大家对日常信息的需求，人们总是想要更高效、更快速地去获取信息，其余的时候才能更好地去享受生活。

但是琐碎、冗杂的网络信息，经常让大家无从下手。人们迫切地需要有人能够整合信息资料，并且将信息简单明了地再次传递给他们，来方便他们选择。

而企业也在思考，怎样才能在众多产品中脱颖而出呢？他们同样需要有人能够影响人们对信息或者产品的判断，从而让他们的产品始终处于有利的地位。

这些，新媒体文案都可以做到。

新媒体文案的使命重大，能够帮助有需要的人去判断、帮助有产出的商家去运营，承载着"万物皆媒的使命"。文案在企业新媒体营销中的重要性日益突出，新媒体文案的人才需求也随之旺盛，为此我们特编写了本书。

因新媒体变化快速、日新月异，本书的内容需要结合实际情况参考。

本书从对新媒体文案及岗位要求的了解和认知入手，到文案撰写的基本功，希望能够一步步引导读者成为一名合格的新媒体文案人员，其主要内容包括以下3个方面。

1. 新媒体文案基础

本书第1、2章介绍了新媒体文案人员的从业素养、新媒体文案的创意与写作等知识。

2. 新媒体文案写作

本书第3~7章介绍了撰写与传播新媒体文案、新媒体文案的写作形式、新媒体文案的标题与布局、新媒体文案的配图与排版、新媒体文案的营销与推广等知识。

3. 新媒体活动策划

本书第8章介绍了新媒体活动策划方案的结构、撰写策划方案的技巧及活动策划书的基本格式等知识。

本书由李军组织编写，参与本书编写工作的还有袁帅、文雪、崔晓贵、张春梅、蒋新丹等。

我们真切希望读者在阅读本书之后，可以开阔视野，增长实践操作技能，并从中学习和总结操作的经验及规律，达到灵活运用的水平。鉴于作者水平有限，书中纰漏和考虑不周之处在所难免，热忱欢迎广大读者予以批评、指正，以便我们日后能为您编写更好的图书。

编　者

目 录

第1章 新媒体文案的从业素养 1
- 1.1 新媒体文案的概念 2
  - 1.1.1 什么是新媒体 2
  - 1.1.2 全新认识新媒体文案 3
- 1.2 新媒体文案的特点及类型 4
  - 1.2.1 新媒体文案的特点及重要性 4
  - 1.2.2 新媒体文案常见的类型 6
- 1.3 新媒体文案岗位及素养 7
  - 1.3.1 新媒体文案岗位要求及职责 7
  - 1.3.2 新媒体文案职业能力素养 9
- 1.4 新媒体文案写作 12
  - 1.4.1 文案写作的准备工作 12
  - 1.4.2 文案写作的步骤 17
- 1.5 创意思考与输出思维 19
  - 1.5.1 发散思维树状图 19
  - 1.5.2 创意表格思考法 20
  - 1.5.3 金字塔原理 21

第2章 新媒体文案的创意与写作 23
- 2.1 网购时代对新媒体文案的要求 24
- 2.2 撰写有吸引力的文案 24
  - 2.2.1 了解大脑的关注原理 25
  - 2.2.2 聚焦自我 26
  - 2.2.3 展开对比 29
  - 2.2.4 满足好奇心 31
  - 2.2.5 发动情感 33
- 2.3 撰写有代入感的文案 34
  - 2.3.1 利用故事 35
  - 2.3.2 利用提问 37
  - 2.3.3 利用情怀 38
- 2.4 撰写有信任感的文案 39
  - 2.4.1 利用权威 39
  - 2.4.2 反权威 41
  - 2.4.3 利用数据 43
  - 2.4.4 客户自证 44
  - 2.4.5 为客户示范 45
  - 2.4.6 展望愿景 46
- 2.5 撰写紧跟时事热点的文案 50

第3章 撰写与传播新媒体文案 53
- 3.1 新媒体文案的组成部分 54
  - 3.1.1 新媒体文案标题的拟定 55
  - 3.1.2 新媒体文案正文的构成 58
  - 3.1.3 新媒体文案开头的写法 60
  - 3.1.4 新媒体文案结尾的写法 62
- 3.2 撰写新媒体文案的评论 64
- 3.3 在文案中布置关键词 66
- 3.4 传播新媒体文案的特点与方法 67
  - 3.4.1 文案传播渠道发生变化 67
  - 3.4.2 新媒体文案的特点 69
  - 3.4.3 运用熟悉符号编写文案 70
  - 3.4.4 写出口语化的文案 74
  - 3.4.5 将文案融入品牌价值 75

第4章 新媒体文案的写作形式 77
- 4.1 软文的写作 78
  - 4.1.1 创意式软文 78
  - 4.1.2 促销式软文 81

  4.1.3 悬念式软文 83
4.2 撰写新媒体销售型文案 85
  4.2.1 新媒体销售型文案的特性 ... 85
  4.2.2 销售型文案需要具有强有力的购买理由 86
4.3 新媒体销售型文案的写作结构 89
4.4 撰写新媒体品牌型文案 90
  4.4.1 新媒体品牌型文案的特点 90
  4.4.2 让新媒体品牌型文案有调性 91
  4.4.3 节假日气氛对情感文案的助益 94
4.5 撰写新产品发布倒计时文案 97
4.6 新媒体品牌型文案的结构 99
4.7 不同媒介的特征及发布形式 101
  4.7.1 社交媒体的特点及使用人群的行为习惯特征 101
  4.7.2 主流社交媒体的不同特征及广告方式 102
  4.7.3 社交平台发布广告的注意事项 107

第5章 新媒体文案的标题与布局 109

5.1 撰写文案标题的技巧 110
5.2 如何进行文案布局 120

第6章 新媒体文案的配图与排版 129

6.1 新媒体文案如何配图 130
  6.1.1 品牌头像设置 130
  6.1.2 文章主图设置 132
  6.1.3 文章侧图设置 133
  6.1.4 图片颜色搭配 134
  6.1.5 图片尺寸设置 136
  6.1.6 图片数量设置 136
  6.1.7 图片的精修处理 138
6.2 新媒体文案如何排版 140
  6.2.1 设置栏目分类 140
  6.2.2 设置界面功能 141
  6.2.3 设置项目 142
  6.2.4 开头排版设计 144
  6.2.5 字体设计 145
  6.2.6 字号设计 147
  6.2.7 正文排版设计 149
  6.2.8 结尾设计 152
  6.2.9 排版编辑器 154

第7章 新媒体文案的营销与推广 155

7.1 新媒体文案的营销技巧 156
  7.1.1 与同类产品进行对比竞争 156
  7.1.2 以连载的形式发布软文 157
  7.1.3 突出利益以激发客户购买欲 158
  7.1.4 利用稀缺性制造客户的紧迫感 160
  7.1.5 制造热卖感 161
  7.1.6 借明星造势 162
  7.1.7 晒单 164
  7.1.8 晒好评 165
7.2 新媒体文案的推广方式 167
  7.2.1 今日头条推广 167
  7.2.2 App 推广 168
  7.2.3 朋友圈推广 170
  7.2.4 微信公众平台推广 172
  7.2.5 微信群推广 174

7.2.6　QQ 群推广 176
　　　7.2.7　微博推广 177
　7.3　优化搜索排名 180
　　　7.3.1　百度指数 180
　　　7.3.2　网络关键词 182
　　　7.3.3　软文关键词 183
　　　7.3.4　用户角度 184
　　　7.3.5　对手角度 186

第 8 章　新媒体活动策划 187
　8.1　新媒体活动策划方案结构 188
　8.2　撰写策划方案的技巧 190
　8.3　活动策划书的基本格式 198
　　　8.3.1　封面 198
　　　8.3.2　正文 199
　　　8.3.3　附件 200

第1章 新媒体文案的从业素养

本章主要介绍新媒体文案的概念、新媒体文案的特点及类型、新媒体文案岗位与素养,以及新媒体文案写作方面的知识与技巧,同时还讲解如何创意思考与输出思维。通过本章的学习,读者可以掌握新媒体文案从业素养方面的知识,为深入学习新媒体文案知识奠定基础。

1.1 新媒体文案的概念

本节导读：新媒体是利用数字技术，通过计算机网络、无线通信网、卫星等渠道，以及计算机、手机、数字电视机等终端，向用户提供信息和服务的传播形态。新媒体文案的工作主要是基于新型的媒体(移动互联网媒体)，重点输出广告的内容和创意。

1.1.1 什么是新媒体

媒体(media)一词来源于拉丁语"Medius"，意为两者之间。媒体是传播信息的媒介。它是指人借助用来传递信息与获取信息的工具、渠道、载体、中介物或技术手段，也指传送文字、声音等信息的工具和手段。还可以把媒体看作实现信息从信息源传递到受信者的一切技术手段。媒体有两层含义：一是承载信息的物体；二是指储存、呈现、处理、传递信息的实体。

传统的四大媒体分别为电视、广播、报纸、期刊(杂志)，此外，还应有户外媒体，如路牌灯箱的广告位等。

中文的"新媒体"一词是英文"New Media"的直接翻译，所以要了解"新媒体"的起源，还得从"New Media"一词的来源说起。一般认为，"新媒体"作为传播媒介的一个专有术语，最早是由美国一个名为 P.戈尔德马克(Peter Carl Goldmark)的人提出来的。

从空间上来看，"新媒体"特指当下与"传统媒体"相对应的，以数字压缩和无线网络技术为支撑，利用其大容量、实时性和交互性，可以跨越地理界线最终得以实现全球化的媒体。例如：

社交类手机应用，如 QQ、微信、微博等；

新闻资讯类应用，如今日头条、网易新闻、腾讯新闻等；

视频娱乐类应用，如优酷、哔哩哔哩(bilibili)、爱奇艺、腾讯视频等；

围绕着"吃、喝、住、行、玩"等垂直类的 App，如团购、美食、旅行、天气、导航、电影娱乐等。

如图 1-1 和图 1-2 所示为新媒体文案。

图 1-1　　　　　　　　　　图 1-2

> **智慧锦囊**　　首先，数字化的出现使大量的传统媒体加入到新媒体的阵营，这一改变主要呈现为媒体的技术变革，不论是内容存储的数字化还是传播的数字化，都大幅度提升了媒介的传播效率。
> 　　其次，媒介形态也因新技术的诞生而呈现出多样化，网络电视、网络广播、电子阅读器等均将传统媒体的内容移植到了新的媒介平台上。

1.1.2　全新认识新媒体文案

　　文案，本意是指放书的桌子，后来指在桌子上写字的人。现在指的是公司或企业中从事文字工作的职位，就是以文字来表现已经制定的创意策略。文案是一个与广告创意相继呈现的表现过程、发展过程与深化过程，多存在于广告公司、企业宣传与新闻策划等工作中。

　　文案来源于广告行业，是"广告文案"的简称，由"copy writer"翻译而来，多指以词语进行广告信息内容表现的形式，有广义和狭义之分，广义的广告文案包括标题、正文、口号的撰写和对广告形象的选择搭配；狭义的广告文案包括标题、正文、口号的撰写。

1.2 新媒体文案的特点及类型

本节导读

新媒体较传统媒体具有发布成本低、传播渠道及形式多元化、互动性强、目标人群更精准、文案易被用户再创作传播等特点。新媒体文案可以按广告目的分类、按篇幅长短分类、按广告植入方式分类、按渠道及表现方式分类。

1.2.1 新媒体文案的特点及重要性

新媒体文案的写作与传统文案的写作具有共通性,但因新媒体文案投放渠道的不同、读者阅读习惯的变化,所以,新媒体文案对写作也有不一样的要求。新媒体较传统媒体具有发布成本低、传播渠道及形式多元化、互动性强、目标人群更精准、文案易被用户再创作传播等特点。

1. 发布成本低

随着网络的发展,新媒体技术越来越成熟。企业的广告信息发布成本逐步降低,并不断将品牌推广预算转移到新媒体上。

2. 传播渠道及形式多元化

新媒体的传播形式有图文、音频、视频、游戏等方式。传播渠道更是广泛,只要有移动设备就可以进行传播。

新媒体文案的传播渠道包括并不局限于 QQ 空间、微信公众号、微博、支付宝服务窗等。

很多企业为了占据多渠道,会将同一信息根据渠道人群的不同而运用不同的文案进行发布。

3. 互动性强

新媒体时代的消费者可以通过各个平台跟企业进行沟通。相较于传统媒体,新媒体文案传播不再是单向输出,消费者可借助微信、微博等社交平台,直接与企业品牌方沟通互动,从而达到品牌传播或销售的目的,如通过游戏互动赠送优惠券、通过新媒体提供更好的售后服务等。

4. 目标人群更精准

新媒体各平台人群均有明显的特征，如"00后"常用的社交媒体为QQ、QQ空间，他们常用的视频网站为bilibili弹幕视频；而职场人群则更喜欢通过微信订阅号和朋友圈进行信息传播。

另外，由于用户在新媒体上的各种行为均被数据记录，企业可根据自己的目标人群有选择地进行相关信息的推送及广告投放，如针对刚怀孕的妈妈推送母婴用品。平台自身基于数据的处理，也能够对不同人群推送不一样的信息内容。例如，今日头条新闻客户端根据用户往期浏览的新闻风格类型，可做到有选择地推荐对应内容；淘宝可根据用户的浏览记录、往期购买服装的风格类型、所购买服装的价格段等推送对应的服装，以便更好地促成交易。企业也可运用对应平台中与其自身相关的数据对不同目标人群进行精准营销。

世界上没有两片完全相同的叶子，不同的人对文案有不同的需求，为了能够吸引不同的群体，新媒体文案定位必须精准。传统编辑的文案作品，只能看、光能想，想了也不能即时沟通。新媒体文案则与之不同，会经常邀请网友评论、转发。知己知彼，这是建立信任、沟通情感的桥梁，也方便品牌方了解自己产品所面对的受众，并对他们进行合理的定位。

5. 文案易被用户再创作传播

凡客曾在网络上掀起用户跟随自生产内容，以此带动了凡客品牌被大量地再传播。类似凡客的这种用户跟风再创作的形成，被称为UGC(User Generated Content)，也称UCC(User Created Content，用户生成内容)。

新媒体文案更乐于让每个目标人群都能够进行二次创作，并鼓励用户分享其再创作的内容。

基于以上特点，新媒体对文案的要求较传统文案更为平民化，更短、平、快。

- 短：文案能短则短，这样能够快速吸引受众的注意力，并将最核心的信息表达出来。
- 平：平实，亲近。新媒体的特性决定了品牌不能高高在上，而是要通过最平实亲近的语言与目标人群进行有效的沟通。
- 快：因传播得快，新媒体文案的反应也需快速，如跟进网络热点快速产出。

随着智能手机移动端的普及，大部分消费者已经越来越多地把注意力放在移动手机阅读上了。这种趋势驱使大部分企业都必须进行新媒体传播。一方面，受移动客户端屏幕大小的局限，消费者能接收的信息是有限的，移动状态下消费者注意力又很难持续集中，最终导致爆发式增长的新媒体推广信息和消费者有限的注意力形成矛盾；另一方面，随着新媒体投放企业的增多，企业在新媒体上的推广成本也越来越高。若需要在新媒体上达到一定的曝光量，也需要支付高额的广告费用。如果新媒体文案写得很出色，则可起到四两拨千斤的功效，不仅可以为企业带来最大化的传播效果，提升销量，而且还能直接为企业减少大幅广告传播的费用。

传统的文案推广往往是在媒体渠道进行长期投放，消费者在特定平台上购买。而新媒体文案与电商平台结合，能直接产生销售，如消费者在看文章的时候，会直接点击推荐的一个购买链接并顺手购买；看视频的时候，看到有相关商品也可能直接购买。对于企业来说，只要在新媒体上有一批自己的铁杆粉丝，很有可能在发布一条消息后直接带来销售。

这种转化的及时性也使得新媒体文案的效果易于评估，企业可以更快、更精准投放，也可以更快地调整文案策略，提高转化率，这对文案创作周期也提出了更高的要求。

1.2.2 新媒体文案常见的类型

文案按企业广告目的可分为销售文案和传播文案；按文案篇幅的长短可分为长文案和短文案；按广告植入方式可分为软广告和硬广告；按文案投放渠道的不同可分为微信公众号软文、朋友圈营销文案、微博文案、App 文案等；按表现形式可分为纯文字文案、广告图文案、视频文案等。

1. 按广告目的的分类：销售文案和传播文案

企业的所有广告文案都是为销售服务的，但为了更好地区分文案类型，可根据企业广告的主要目的分为销售文案和传播文案。

(1) 销售文案，即能够立刻带来销量的文案，如商品销售页介绍商品信息的方案、为了提升销售而制作的引流广告图等。

(2) 传播文案，即为了达到扩大品牌影响力的文案，如企业形象广告、企业节假日情怀营销文案等。

不同的文案类型，其写作创意方法也有所不同，销售文案需要能够立即打动人，并促使其立即行动；而品牌传播文案则侧重于是否能够引起人们的共鸣，引发受众自主自发传播。

2. 按篇幅长短分类：长文案和短文案

按照文案篇幅长短，可分为长文案和短文案。长文案为 1000 字以上的文案，短文案则在 1000 字以下。通常长文案需要构建强大的情感场景；而短文案则在于快速触动，表现核心信息。

另外，行业属性不同，文案的运用也有所不同。在价格昂贵、顾客的决策成本较高的行业通常要运用长文案，如珠宝、汽车行业；而在价格较低、顾客决策成本也较低的行业，则一般运用短文案，如打火机、杯子等。

3. 按广告植入方式分类：软广告和硬广告

软广告即不直接介绍商品、服务，而是通过其他的方式代入广告，如在案例分析中植入品牌广告、在故事情节中植入品牌广告，受众不容易直接觉察到软广告的存在，它具有隐藏性；硬广告则相反，是以直白的内容发布到对应的渠道媒体上。

4. 按渠道及表现方式的不同分类

传播渠道不同，文案的表现形式也有所不同。例如，微信公众号支持多种形式的文案表现，如文字、图片、图文(即图片+文字)、语音、视频等；但微博的发布仅支持140字，也可附图、附视频。

1.3 新媒体文案岗位及素养

本节导读：新媒体文案编辑的工作职责包括新媒体渠道的文案写作及投放、内容策划及编辑、热点事件跟进。新媒体文案编辑还需具备较强的资源统筹分配能力、问题解决能力、沟通协调能力和活动策划组织能力等，以及基本的职业素养。

1.3.1 新媒体文案岗位要求及职责

截至2020年3月，中国网民规模为9.04亿，较2018年年底增长7508万，互联网普及率达64.5%；手机网民规模达8.97亿，网民使用手机上网的比例达99.3%。截至2020年3月，中国网民的人均每周上网时长为30.8小时，较2018年年底增加3.2小时。受2020年年初新型冠状病毒性肺炎疫情影响，网民上网时长有明显增长。随着移动通信网络环境的不断完善及智能手机的进一步普及，移动互联网应用深入渗透到用户各类生活需求中，促进了手机上网使用率的增长。

截至2020年3月，我国网络购物用户规模达7.10亿，较2018年年底增长16.4%，占网民整体的78.6%。

随着新媒体的迅猛发展，各企业也将其作为自身品牌宣传、营销推广的重要阵地，由此催生出了新岗位需求——新媒体文案。

1. 新媒体文案编辑的职责

新媒体文案编辑的工作职责不仅限于新媒体渠道的文案写作及投放、内容策划及编辑、热点事件跟进，大部分新媒体还会赋予文案编辑更多的工作要求，如策划(活动策划)、具体渠道推广等。因此，一名全面多能的新媒体文案编辑承担了内容策划、内容写作等相关角色，负责新媒体渠道整体内容的规划，并对具体内容进行编辑。

例如，腾讯新媒体文案编辑岗位职责如下。

(1) 负责线上、线下传统媒体信息宣传编辑，策划组织相关宣传活动。

(2) 负责热点事件营销和活动策划，在微信上策划热点传播事件，撰写相关文案。

(3) 负责统计分析推广运营的数据。

综合各大平台新媒体文案的相关岗位，其主要职责是新媒体渠道的内容策划及写作、企业各阶段营销活动的策划及推广、热点事件的酝酿跟进、评估工作效果及其他文案工作。

1) 新媒体渠道的内容策划及写作

新媒体文案应根据企业的品牌和产品撰写对应的宣传文案，以及在不同的新媒体渠道上如微信公众号、新浪微博、社群等推出并发布各种形式的文案内容，如图文、视频、语音等。

2) 企业各阶段营销活动的策划及推广

新媒体文案应根据企业需要以及节假日等特定事件点策划相应的营销活动，并落实推广。例如，企业新产品发布，需策划一系列新品发布活动，用何种形式的活动及文案吸引目标人群的注意及参与，以达到新品发布的最佳效果。

3) 热点事件的酝酿跟进

新媒体文案应根据社会时事热点，有选择地跟进以达到企业宣传的目的。

4) 评估工作效果

无论是文案内容的投放发布还是活动策划的落地，新媒体文案在执行后均需收集相关数据以评估工作效果，并对往期工作内容提出相关的优化建议，以利于后期进一步参考及工作改进。例如，微信公众号推送一条图文消息，则需统计阅读人数、转发人数，与往期数据进行对比，以评估效果，并检讨标题及文案内容品质。

5) 其他文案工作

新媒体文案编辑在大部分企业所承担的工作内容已远远超越了文案这个词字面的意思，甚至可以说是扮演着"文案+编辑+策划+运营"的角色。

2．新媒体文案的岗位要求

新媒体文案编辑除了涉及文案内容外，还涉及策划、运营等多种角色，且在工作内容中需与多方进行沟通，沟通的对象包括但不限于图片设计师、上级领导、相关部门领导及同事、各媒体负责人等，所以除应具备专业能力外，新媒体文案编辑还需具备较强的资源统筹分配能力、问题解决能力、沟通协调能力和活动策划组织能力等，以及基本的职业素养，如对工作的责任感、爱岗敬业、诚实守信。

1) 文字功底强

新媒体文案的撰写首先要流畅，其次是把握遣词造句的技巧，风格情感要能够打动目标人群，同时还要掌握各种文案的写法，如海报主题、商品介绍、新闻稿等。

2) 思维活跃有创意

新媒体文案编辑看待事物的角度和方法要有多样性，如在收到一个文案写作的任务时，脑海中可立即触发多个写作方案及不同的联想，并能够思考出最适合的且富有创意的解决方案。

3) 所学专业及学历

企业招聘文案编辑，倾向于选择如广告、新闻、市场营销、中文等相关专业学生，学历要求一般在大专以上。但由于新媒体文案为新兴岗位，要求可放宽，如个人对于新媒体文案或对应行业有独到的见解并具有文案功底，企业也会择优录取，甚至不计个人所学专业及学历。

1.3.2 新媒体文案职业能力素养

职业能力素养即完成工作需要具备的知识、技巧及能力。新媒体文案编辑需具备相关知识储备及能力，这样才能更好地应对文案工作中各种类型的工作。无论是新媒体文案新手还是资深新媒体文案从业者，均需要不断学习，以适应新媒体快速的更新及迭代。

本小节将从新媒体文案编辑学习的知识目标及能力目标两方面进行阐述。

1. 知识目标

文案工作者需要储备大量的知识。知识分为两种，一种是宽泛的一般性知识，另一种是非常特殊的、有针对性的知识。一般性知识包含广泛的各类知识，主要通过博览群书、广泛的爱好及强烈的好奇心涉猎相关领域；特殊的、有针对性的知识则包含具体的行业知识，如从事手机品牌的新媒体文案编辑需要了解各参数背后的意义、具体的硬件工艺等，相当于是行业内的专家角色，这样写出来的文案自然而然会具有说服力，更能体现出文案的专业度。

1) 广告学知识让文案更具策略性

广告学知识包括广告写作、广告策划、广告战略战术、媒体选择、广告心理、广告设计、广告管理等一系列理论。新媒体文案编辑通过对广告学相关理论知识的了解，掌握广告活动的基本规律。即使没有经过系统学习，也应有意识地涉及和积累。

2) 传播学知识让文案更容易被传播

传播学知识包括人际传播、公众传播、大众传播和组织传播，其中也包含符号学、社会学等知识。新媒体文案更侧重于人际传播，了解相关知识有助于文案的广泛传播，可取得更好的效果。

3) 了解消费者心理及行为让文案编辑更懂如何沟通

文案本就是沟通的艺术，对消费者心理及行为的了解，有助于文案工作者能设身处地地理解消费者，从而撰写出的文案才能贴近生活，更好地打动消费者。

以上知识目标，在本书中均有涉及，但还需要文案工作者更深入地学习、阅读更多与专业相关的书籍，并且不断在新媒体文案工作中实践和积累。

2. 能力目标

在企业对新媒体文案编辑的岗位要求中，出现频率最高的 4 个关键能力为文案能力、创新创意能力、审美能力和学习能力。

1) 文案能力

文案能力主要体现在文案的写作上，如文案语言风格的把控、写作技巧的运用、文案的语法和逻辑的掌握等。

(1) 文案语言风格的把控。文案工作者需能驾驭各种风格的文字，可以是阳春白雪如诗如画的语言风格，也可以是下里巴人通俗易懂的语言风格。

(2) 写作技巧的运用。标题、海报等要求能够快速吸引目标人群的注意；软文、具有情感的品牌介绍等更要求目标人群能够产生代入感；商品介绍等销售文案要求目标人群能够有信任感，并且能够快速做出购买决策及反馈；品牌传播文案则要求信息简单，更有利于口头传播等。

(3) 文案的语法和逻辑的掌握。除故意用问题语病引起目标人群注意外，文案均应以正确语法写作，文案的表达要有逻辑、有条理，这样目标人群才能更好地理解文案所要表达的意思。

文案工作者可通过多看、多写进行文案写作训练。多看：广泛阅读经典文学作品、当代热门作品、优秀的广告文案作品，观看经典电影及热门电影等；多写：练习文案写作能力，通过对优秀文案的作品模仿，提升文案写作能力。在看和写的过程中也应更多地思考：能够打动你的文案好在哪里，不好在哪里？如果由你来撰写，你会如何做？

2) 创新创意能力

创意能够让广告深入人心并引起人们的注意及共鸣。在网络上搜索"创意广告"关键词，能够看到很多有创意的广告。文案创作者作为广告创作源头，非常有必要具备创意能力。创意能力有天赋的关系，但同样可通过后天练习达到。

(1) 跳出常规去体验。

杜克大学神经生物学教授罗伦斯·C.凯兹提出,用新奇的方式思考和观察世界有助于改善人的大脑不活跃部分的功能,就像举重练习能够帮助人们锻炼不经常使用的肌肉。做平日不常做的事也可以作为锻炼方式,如走一条平时不常走的路、去新的地方旅行、体验新的食物等。

(2) 保持好奇心。

人天生具有好奇心,随着年龄的增长,很多人会一直保有自己的好奇心。保持对事物的敏感,多问"为什么",通过自己的努力找到答案,也是锻炼思维的方式,有助于在工作和生活中找到更多的机会和解决办法。

(3) 多侧面思考。

抱着解决问题的目的,将毫不相关的事物一起融合联想。

3) 审美能力

审美能力又称为艺术鉴赏力,即能感悟欣赏到事物的美感,并且知道美的定义是什么。例如,简单的文字排版,有审美能力的人能够做到整洁、风格统一,字体、字间距、行间距协调一致;而有些人则会排版成街道上的豆腐块风格,字与字之间紧凑拥挤,字体颜色甚至可以用完选项里的所有颜色,最终效果不仅视觉没有聚焦,而且整体也无格调。另外,文案内容还需与图片内容相结合,图文一致,排版美观大方,与文案表达的价值观一致。文案工作者需要了解简单的设计理念,多与设计师沟通交流。文案工作者的审美也在一定程度上决定了内容整体效果的好坏。

训练审美能力主要有两个方法。

(1) 建立对美的基本认知。美并没有标准,但总能找到其共性和通性。例如,穿衣时遵循颜色不能超过3种的原则,在文字排版和图片设计上,同样可运用此原则。

(2) 大量观摩优秀作品,总结美感规律并运用。通过对优秀画作的颜色、布局、风格等的欣赏,以及优秀文学作品的文字用词、语言韵律等的用心感受,甚至仅仅是欣赏一部优秀的电影画面色系、对白的设计等,都能对文案工作者的审美有潜移默化的效果。

4) 学习能力

学习能力是指短时间内快速对事物从陌生到了解的过程,最后还能融会贯通的能力。一般学习能力强的人会主动学习,寻找到相应资料进行吸收,同步消化并能转化为自己所需要的能力,然后推陈出新。

学习文案写作主要有阅读、请教、实践3个途径。

(1) 阅读:通过对专业书籍、网络相关资料、相关案例等研读,对新事物有基本的认知能力,这个学习途径虽然过程较长,需要耗费更多时间和精力去理解和分析,却可以让人系统地掌握相关知识,并且学习成本低。

(2) 请教:通过向所需学习领域的专业人士请教,是耗时最少、效率最高的学习途径。专业人士由于具有专业的知识基础以及大量的成功经验,向他们请教学习,能够在最短的时间内快速提升自己。专业人士可以是自己的领导、同事,也可以通过知识付费平台约见咨询,如在行、分答。

(3) 实践:通过大量的实践,去探索学习。实践出真知,知识须从实践中来,再到实践中去检验,即使通过阅读、通过向专业人士请教,最终还是要亲身实践,将知识运用到自己的实际工作中,只有真正实践过,才能对知识认识得更加深刻,知识才能逐步转化为自己的能力。

1.4 新媒体文案写作

本节导读　写文案之前的重要准备工作就是做营销分析,包括整体市场分析、目标人群分析、竞争对手分析、卖点提炼。文案写作的步骤简单来说主要分为明确文案写作目的、列文案创意简报、文案创意的写作输出、文案复盘四步。

1.4.1 文案写作的准备工作

文案写作表面上看是写文案,其实是考验文案创作者的营销思维。文案是为营销服务的,必须先了解基本的营销思维。因此,写文案之前的重要准备工作就是做营销分析,包括整体市场分析、目标人群分析、竞争对手分析、卖点提炼。

其中,整体市场分析包括市场规模、位置、性质、特点、市场容量及吸引范围等。但对于大多数文案来说,整体的市场是固定的,营销策划工作会更侧重于市场;而文案工作则更多侧重于对目标人群、竞争对手、卖点提炼的分析。

1. 文案的目标人群分析

文案的目标人群不同,写作的方向和方法也会有所不同。目标人群分析就是要搞清楚不同人群的区别,从而指导我们写出更有针对性的文案。当面对高收入、注重品质的人群时,如果文案一味强调价格便宜的特点,就会无效,它对部分价格敏感的人群更有效。因此,要了解影响目标人群的相关因素,可以从文化因素、社会因素、个人因素 3 个方面入手,还可以通过寻找消费者的购买动机找到文案所需推广的产品或品牌之间的契合点。

1) 文化因素

文化是人类需求和行为最基本的决定因素。每个国家甚至每个地区都有对应的文化。例如，中国人更喜欢数字"8"，因其发音与"发"相似；而德国人却更喜欢数字"4"，因为在德语里，"4"的发音为"vier"，音近于"viel"（多）。

不同的社会阶层也有相应的文化。各社会阶层在服装、语言模式、娱乐喜好和其他方面都会有差别，阶层文化的不同主要由职业、收入、财富、教育等因素决定。

2) 社会因素

社会因素包括家庭、社会角色、社会地位等因素的影响。个人在做购买决策的时候，会参考与自己有一定关系的人或意见领袖的建议。

(1) 家庭。家庭成员在各种产品和服务的购买行为中所扮演的角色和发挥的作用均不同，其角色在不同国家和社会阶层中差别也很大。例如，在传统的中国和日本家庭中，丈夫普遍会将工资交给妻子，因为后者管理家庭的支出以及采购相关产品。如果是销售一种玩具，推出的文案一定不是针对孩子的，而应针对购买的决策者——孩子的妈妈。

(2) 社会角色和地位。社会角色和地位的不同会产生不同的行为，如公司总裁会开豪华汽车、穿昂贵的西装；而公司中层领导则会体现自己精干的一面，女性往往穿高跟鞋、职业套装等；在不同的场合扮演不同的角色，所对应的形象也略有不同。但随着时代的发展，中国人越来越顾及"面子"，也很可能出现刚上班的女性就提着名贵包包的现象。作为产品，也需要找到其在对应人群中扮演的角色，明确产品要给对方带来怎样的感受，对方使用产品的最终目的是什么。

3) 个人因素

个人相关因素也会对决策产生影响。个人因素包括目标人群的年龄、生命周期、职业与经济环境、个性与自我观念、生活方式与价值观等。

(1) 年龄与生命周期。人在一生中会购买各种各样的商品、服务，并且不同年龄阶段的人其需求也不一样。随着年龄的增长，也会依次度过生命中几个重要的节点，如升学、入职、结婚、生子；相应的节点对相关商品及服务的需求也不一样，如结婚时对家居类商品的需求会明显上升。

(2) 职业与经济环境：职业同样会影响消费模式。蓝领工人会购买工作服、工作鞋；公司高层领导会购买礼服套装、空中旅行服装等。与此同时，经济环境也对消费模式有很大的影响。经济环境包括个人可支配的收入、存款和资产、负债等。奢侈品交易受到经济的影响，当经济环境较差时，销售量会明显下降，但与此同时，奢侈品的二手市场却会比往常更繁荣。

(3) 个性与自我观念。每个人的购买行为均受到自我个性的影响。品牌也同样具有人格化的个性特征，消费者倾向于购买与自己个性相符的品牌，或是符合自己理想形象的自我个性的品牌。

美国品牌学之父戴维阿克总结出 7 种品牌人格，即坦诚、刺激、能力、精致、粗犷、激情、平静。品牌文案的目的就是赋予产品人格魅力。

不同的品牌人格，在产品的设计、广告形象、文案上均有所不同。实用性的商品品牌更倾向于用坦诚、能力、平静的品牌个性，而家电更侧重于实用性；具有公共性、涉及个人形象塑造的商品品牌则更倾向于用刺激、有教养(精致)、粗犷的品牌个性，如服饰、车。另外，一个品牌也可能同时具有多个品牌人格。

自我的观念也会影响消费的选择，如当下自我意识强烈的一代更倾向于接受刺激、粗犷、充满激情的品牌个性。

(4) 生活方式与价值观。生活方式是指由行为、兴趣和观念所构成的个人生活模式，它也会受到生活环境的影响。如一线城市就有快餐式的生活方式，午餐更倾向于通过外卖的方式来解决。又如，中国男性在前几年几乎都不用护肤品、化妆品，但近几年中国男性对自己的身体护理和形象的要求越来越高，这也是他们生活方式的变化。另外，有些时间紧缺的消费者更倾向于多任务处理，也就是同时做几件事情，如一边开车一边打电话，或者通过雇用专业的人员为自己完成部分原本需要自己亲手去做的事务，如家务方面请钟点工，这是因为对于时间紧张的人来说，时间比金钱更重要，这也是其生活方式和价值观共同作用的结果。

4) 目标人群的3种典型购买动机

对目标人群除了从文化、社会、个人方面去分析外，还需找到目标人群的购买动机，并在对方的购买动机中找到所写文案中介绍的产品或服务的品牌与之对应的契合点，如亚洲人有明显的3种需求需要被满足。

(1) 归属需求。这是指个人作为某个群体的成员被接受的需求，在这方面需要的商品，是能够表现个人属于某一群体个性的商品。

(2) 仰慕需求。在归属需求得到满足后会寻求仰慕，能够让人变得更美好，形象更佳的商品更容易满足这个需求，如化妆品。

(3) 地位需求。这是指获得来自社会的尊重。昂贵品牌的商品更容易帮助人达到这个需求，如豪车、珠宝等。

文案工作者须了解自己介绍的商品、品牌到底能够满足目标人群的哪种需求，从而对症下药。

2. 文案竞争对手分析

《孙子·谋攻篇》有云："知彼知己，百战不殆。"对竞争对手的了解分析能够让文案工作者更明白如何去突破，找到消费者为什么购买文案所推荐的商品或服务，而不是竞争对手的商品或服务。

对竞争对手的分析有很多种方法，通常使用的有 SWOT 分析法，另外，还有更具战略意义的核心竞争链对比分析法。

1) SWOT 分析法：快速找到优势、避开弱势的方法

SWOT 由 4 个单词简化而来：S(Strengths，优势)、W(Weaknesses，劣势)、

O(Opportunities，机会)、T(Threats，威胁)。按照企业竞争战略的完整概念，战略应是一个企业"能够做的"(即组织的强项和弱项)和"可能做的"(即环境的机会和威胁)之间的有机组合。

所谓 SWOT 分析，即基于内外部竞争环境和竞争条件下的态势分析，就是将与研究对象密切相关的各种主要内部优势、劣势和外部的机会与威胁等，通过调查列举出来，并依照矩阵形式排列，然后用系统分析的思想，把各种因素相互匹配起来加以分析，从中得出一系列相应的结论，而结论通常带有一定的决策性。

运用这种方法，可以对研究对象所处的情境进行全面、系统、准确的研究，从而根据研究结果制定相应的发展战略、计划及对策等。

SWOT 分析法可用表格来体现，如图 1-3 所示。

	内部优势（S） 1. …… 2. …… 3. ……	内部劣势（W） 1. …… 2. …… 3. ……
外部机会(O) 1. …… 2. …… 3. ……	SO 战略 依靠内部优势 利用外部机会	WO 战略 利用外部机会 克服内部劣势
外部威胁(T) 1. …… 2. …… 3. ……	ST 战略 依靠内部优势 回避外部威胁	WT 战略 减少内部劣势 回避外部威胁

图 1-3

2) 核心竞争链对比分析法

1990 年，美国著名管理学者加里·哈默尔和普拉哈拉德开发的核心竞争力(Core Competence)模型是一个著名的企业战略模型，其战略流程的出发点是企业的核心竞争力。

他们认为，随着世界的发展变化、竞争加剧、产品生命周期的缩短以及全球经济一体化的加强，企业的成功不再归功于短暂的或偶然的产品开发或灵机一动的市场战略，而是企业核心竞争力的外在表现。按照他们给出的定义，核心竞争力是能使公司为客户带来特殊利益的一种独有技能或技术。

核心竞争链：将自身的各项价值一一列出并与竞争对手进行对比，找到其中的差异点。

核心竞争链对比分析法能够充分判断和理解竞争对手是谁，竞争对手在做什么，如何与竞争对手进行差异化，从而让产品或品牌变成与竞争对手完全不同的样子。

在进行产品的竞争分析时，同样可以将主要的购买因素价值点一一列出，即找到价值链上的空白，从而更容易找到自身的优势和特点。

3. 文案的卖点提炼

当目标人群的特点、竞争对手的特点及自身的优势确定后,即可对卖点进行挖掘提炼。提炼卖点公式:卖点=(证据 1、2、3、…)+产品特点+产品优点+用户利益+(更多利益 1、2、3、…)。

下面以小米手机为例,来看看其广告文案,如图1-4所示。

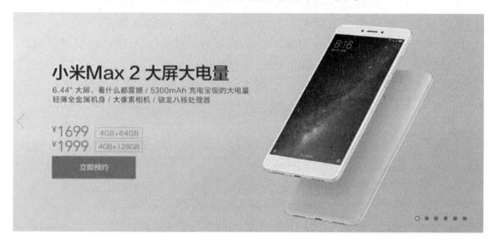

图 1-4

从小米的这个文案可以看出,在较少字数的展示界面中,将产品的特点(如尺寸、容量)、优点(特点直接带来的好处)、利益(优点给用户带来的利益)说清楚就可以了,如图1-5 和图1-6 所示。

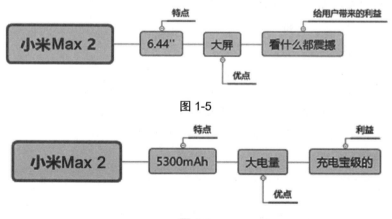

图 1-5

图 1-6

当用户被吸引,并点击进入产品介绍页面之后,就可以按照公式为用户提供更多产品特点的证据(比如,如何制造出这么大的屏幕、是哪个名家设计的),或者提供更多的利益(如在游戏场景中更加舒适)。当点击进入详情页之后,就看到了如图 1-7 所示的文案。

图 1-7

大多数的广告文案都是遵循"特点—优点—利益"的基本公式来撰写的,究其原因,是模拟了人们选购产品过程中的思维过程。而消费者的懒惰,让他们不愿意花时间去调查产品特点背后的原因和购买产品后将产生的实际利益,他们只会被动地接受一种说法,并判断它是否靠谱、是否有吸引力。如果你说你快,那你为什么会这么快?(引出证据)你这么快能给我带来什么好处?(引出利益)因为是流线型设计,所以特别快;因为特别快,就能体验到驾驶的乐趣;因为体验到驾驶的乐趣,就能放松心情;因为放松心情,就能更有效率地工作;因为有效率地工作,就能迅速走上人生巅峰……这就是人类大脑能且只能够接受的 4 种分析活动之一:发现因果关系。其他 3 种分别是演绎推理、化整为零和归纳总结。

1.4.2 文案写作的步骤

很多新人接到文案工作的任务,第一反应就是埋头直接根据材料撰写。用这种方法写出的文案会有很大的概率被要求修改,这也导致文案圈经常感叹"虐稿如虐心",让人痛苦不堪。

一句看似简单的广告文案可能不超过 10 字,但其背后需要文案工作者完成一系列的工作,这些工作包括相关的调查研究、目标人群分析、竞争对手分析等,最终确定品牌的定位及口号。实际上,为写一句文案而做准备的时间要远远大于写文案的时间。

文案写作的步骤简单来说,主要分为明确文案写作目的、列文案创意简报、文案创意的写作输出、文案复盘四步。

1. 明确文案写作目的

明确本次文案撰写的主要目的：是为了品牌传播还是为了提高商品的销售量，抑或是进行推广活动。目的不同，则文案写作的思路和方法也不同。

如果目的是传播品牌，整体的文案需要思考如何让文案内容符合品牌风格，引起共鸣；如果目的是销售，文案需要思考的则是如何让人感觉到有需要、产生信任——为什么不购买竞争对手的商品而购买你的，并且能够立即付诸购买行动；如果是进行推广活动，就要思考如何让人感觉到这个活动有吸引力，很值得参与，而且参与的门槛也不高。

2. 列文案创意简报

文案创意简报也叫创意纲要，在广告公司主要用来指导文案的创意、撰写及制作。但对于企业文案来说，自行列出文案创意简报有利于文案的最终出品。

1） 梳理 3 个问题

文案创意简报主要在于梳理清楚 3 个问题，即对谁说？说什么？在哪说？

文案写作就像日常的沟通，对象不同，沟通对话的内容或形式就会有所不同。这也是文案写作前期需要重点梳理清楚的 3 个问题，只有厘清这 3 个问题，文案的写作才会明确方向。

(1) 对谁说：本次文案要写给谁看，即对目标人群的分析。从行为学、地理学、人口统计学、消费心理学的角度来看，谁是潜在的消费者，他们有什么典型的个性特征。

(2) 说什么：在"对谁说"的基础上，再考虑"说什么"，文案通过怎样的方式去说服目标人群信任所推广的内容并且有所感知。这就需要深入挖掘自身的卖点，对照竞争对手的说服策略(要考虑消费者面对多种选择时，以怎样的方式让消费者觉得我们的商品、服务或品牌会比竞争对手的更好)，并在此基础上提炼出自身文案的说服点。

(3) 在哪说：即根据人群选择合适的媒体、合适的时间进行文案发布。有时候也会通过不同的媒体发布不同形式的文案内容。

2） 包含 3 个部分

有些公司的文案创意简报会列得很长，而有些公司则会相对简单些。文案创意简报主要包含以下 3 个部分。

(1) 目标说明。简单具体地说明广告的目的或要解决的问题，也包括产品或品牌相关名称、具体的目标消费者描述。

(2) 支持性说明。对支持产品卖点的证据进行简要的说明。

(3) 品牌特点说明或品牌风格说明。对品牌自身风格的说明或希望传达出的品牌价值。

文案工作者在了解基本的工作项目后,需进一步挖掘。对清单中相应的项目了解得越多越好,尤其是明确"对谁说"(目标人群)以及"说什么"(竞争对手分析及说服策略)两部分是文案写作前最主要的准备工作。

3. 文案创意的写作输出

在明确本次文案的写作目的、目标人群、竞争对手以及自身的卖点后,找到本次文案需要解决的问题,结合媒体投放渠道的特性,再进行创意思考,最后完成文案的写作输出。

4. 文案复盘

复盘即对已做过的工作内容再次进行梳理、总结。可通过数据、目标人群的反馈将文案工作中的优点及缺点一并总结。优点可继续保持,对于缺点则需提出进一步的修改及改进意见并保存,以备下次写作文案时加以参考。

1.5 创意思考与输出思维

本节导读　文案需要有创意的发散性思考,也需要有逻辑、有条理的输出呈现。因此,本节重点阐述创意思考方法:发散思维树状图、创意表格思考法以协助文案创作者在思考文案写作时加以运用,并通过金字塔原理帮助文案创作者以有逻辑的形式将文案创意表现出来。

1.5.1 发散思维树状图

在广告文案创作、思考的过程中,可通过树状图来完成思维的发散。例如,农夫山泉天然矿泉水的卖点是"天然水源",然后可以在这个基础上做思维的发散联想。"天然水源"这个卖点就像是树的主干,而"绿色""大自然""水更好喝"等联想相当于树干的几个主要枝干,每个枝干上还可以进一步开枝散叶,在每个元素的基础上进一步展开联想,可以发散出无数个关键词,到最后可以在树状图中选择一个最能打动自己的点,再进行提炼,如甘甜可能会提炼出"农夫山泉有点甜"的卖点,而其他的联想关键词则很有可能成为相关广告可运用的元素,如图1-8所示。

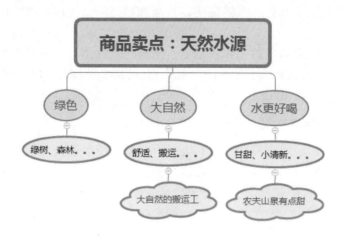

图 1-8

1.5.2 创意表格思考法

发散思维树状图适合在确定的信息上进行无限的发散创意,以确定卖点,而后做出更好的表述。1.5.1 小节的发散思维树状图中,确定的卖点是"天然水源",而文案工作中还有一种不确定性的创意工作,如工作任务为开发一款创新的糖果,那么应该如何思考呢?

日常的思考方法是随机将口味进行组合,如"红枣+巧克力""苹果+奶酪",或者将形状进行组合——"三角形+草莓"等,得出的结果都会比较随机。采铜在《精进:如何成为一个很厉害的人》中提出了创意表格思考法,设计了一个创意表格来帮助思考。如果将不同的维度进行穷尽列举,即可获得无穷尽的创意结果。图 1-9 所示为关于"如何开发一款创意饼干"的思考结果,将口味、结构、造型、颜色等维度分别列举,每个维度相加即可获得一种结果,多个维度相加可获得不同的结果。

使用创意表格的步骤有以下 3 步。

(1) 从现有的产品中抽象出分解问题的维度。例如,从现有市场的饼干中会发现,饼干有夹心、有单层、有厚有薄,因此可把形态上的不同归结为一个维度——"结构"。

(2) 对每个维度尽可能进一步细分。例如,口味,进一步思考口味会有哪些,然后在"口味"这一维度下进一步思考并填写"巧克力""牛奶"等。

(3) 对不同的维度建立不同的组合。例如,将"口味"维度中的"巧克力"和"结构"维度中的"夹心"以及"造型"维度中的"细棒"相结合,则成为一款细棒巧克力夹心饼干。

如何开发一款创意饼干				
	口味	结构	造型	颜色	...
1	巧克力	单层-厚	圆	黑	...
2	牛奶	单层-薄	方	白	
3	草莓	夹心-厚	细棒	黑白	
4	香橙	夹心-薄	粗棒	三色	
5	...				

图 1-9

1.5.3 金字塔原理

一般来说，文案创作者的感性思维、发散性思维会更强，但逻辑思维会略微欠缺。新手的文案也常会条理不清，最终导致消费者根本看不懂这个文案究竟要表达什么。

在创意思考时，运用的思维是发散型，但将文案表现出来时，则需要有逻辑、有条理，让目标人群更容易看懂。知名咨询公司麦肯锡有一个整理逻辑思维的方法，即金字塔原理，相当于作文老师教的方法——总分的结构。由论点、论据以及论据的论据组成一个金字塔，如图 1-10 所示。

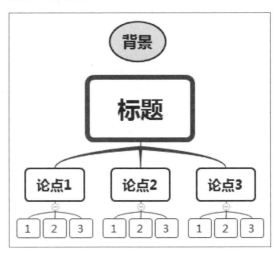

图 1-10

金字塔原理结构从上往下看，主要分为背景、标题、论点，每个论点又可有进一步的论点。在完整的文案结构中，"背景"部分可视具体情况有选择性地运用。标题属于一个文案的中心论点或展现的最大卖点，方便目标人群只要看到标题就能明白一篇文案的中心思想。论点 1、论点 2、论点 3 都是用来证明标题中的中心论点的，而且论点1、论点2、论点3之间的内容不能重复。

如果文案较长，一般会采用类似于作文中"总—分—总"的结构，在结尾部分会再总结一次中心思想，强调一下主题卖点，以增强目标人群的记忆；如果文案较短，则采用"总—分"结构。

第2章 新媒体文案的创意与写作

本章主要介绍网购时代对新媒体文案的要求、如何撰写有吸引力的文案和如何撰写有代入感的文案等方面的知识与技巧,同时还讲解如何撰写给人以信任感的文案。通过本章的学习,读者可以掌握新媒体文案创意与写作方面的知识,为深入学习新媒体文案知识奠定基础。

2.1 网购时代对新媒体文案的要求

本节导读 　新媒体文案需要让消费者在碎片化时间中被标题、广告主题快速吸引注意力，而在内容上则需有代入感，能够持续吸引人进一步读下去；与此同时还需给人以信任感，这样消费者才会对产品或服务有购买意向，或提升品牌的好感度。

随着智能手机的发展所带来的移动互联网的兴起，各种信息资讯已经将用户的时间占用。手机不仅使大众的碎片时间被信息洪流长时间占用，而且手机的屏幕变小，也导致可展示有效信息的空间越来越小，大众的注意力也变得越来越稀缺。有研究显示，一百年前，人的注意力持续平均时间在 20 分钟，而现在人的持续注意力时间已经下降到了 9 秒——和一只金鱼的注意力持续时间相当。现在的消费者就像骑着一匹急速奔跑的马来看世界，是名副其实的"走马观花"了。

手机移动互联网已经占用了用户的大部分时间，人的精力和时间都被分割成碎片。现在，越来越多的人不愿意把时间浪费在查找资料、等待广告等无效率的劳动中，因此，视频网站上越来越多的人在看电影时愿意花钱去掉视频前面十几秒的广告，也更愿意花钱去学习特定的知识和内容。当大众的时间、注意力、精力都变得稀缺时，花钱则是为了节省筛选的时间，节省不必要的精力。

时间的碎片化、注意力和精力的稀缺，使得传统的广告传播效果变得越来越差，因为消费者再也不是被动地接受。与此同时，他们对于自己关注和感兴趣的内容更加主动：刷牙、等地铁的时间可能就看完一篇文章，也可能在微信、微博上顺手转发分享几条信息。这些变化，让企业的广告必须随着人群的习惯而发生改变。

2.2 撰写有吸引力的文案

本节导读 　本节将从了解大脑的关注原理、聚焦自我、展开对比、满足好奇心以及发动情感 5 个方面来阐述如何撰写有吸引力的文案。通常来说，一篇文案的标题就是这个文案的开头，但因媒介的不同，开头的形式也会有所不同。开头是最能展现文案吸引力的地方。

2.2.1 了解大脑的关注原理

文案的开头首先应该醒目，而且要让广告信息易被相应的人看见或听见；传达出去的信息一定要和广告品牌所期望达到的目的相关，并且要让人有想进一步了解的欲望，如佳洁士的广告标题"帮助孩子击败蛀牙"。这句话就直接引起了有蛀牙的孩子父母的关注，不仅吸引注意，而且筛选了人群，把那些需要购买防蛀牙膏的父母筛选了出来；他们看到这个标题，就会产生应该如何帮助孩子击败蛀牙的想法，继而就了解到佳洁士的防蛀牙膏，从而达到广告的目的。这个广告标题对于佳洁士的文案来说就是一个好开头、好标题。

好的开头，最关键的是吸引注意。从大脑的关注原理开始，了解我们的大脑会关注哪些信息。

过去，大部分人将大脑的结构笼统地分为左脑和右脑。左脑负责语言、逻辑推理、数学等线性思考，而右脑则负责图像、音乐、创意、想象等艺术类概念性思考。左脑关注细节，右脑关注大局。但最新的脑科学研究又让文案工作者有了更深入的运用方向。

美国著名神经学专家保罗·麦克里恩近年提出了"脑的三位一体"理论——人脑的构造从生物进化的角度来看，分为3个脑，分别为旧脑(the old brain)、间脑(the middle brain)、新脑(the new brain)。根据这个理论，世界领先的神经营销研究者帕特里克·任瓦茨及克里斯托弗·莫林在《销售脑》一书中指出，3个脑相应地处理不同的信息，如图2-1所示。

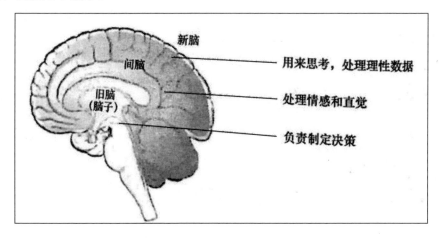

图 2-1

旧脑负责制定决策；间脑用来感知，负责处理情感和直觉；新脑用来思考，处理理性数据。

旧脑：顾名思义，旧脑是大脑构造中最古老、原始的器官，也是原始进化的直接结果。旧脑主要用来做决策，同时能够直接或间接接受来自脑及其他神经系统的输入，并触发决策。它能够持续审视外界环境，判断是否安全，并立刻做出"逃跑"或"战斗"的生存决策，它与我们的生存策略息息相关。直到现在，爬行类动物的脑仍保持着旧脑的原始形态，所以旧脑又叫"爬行脑"或"基础脑"。

间脑：用来感知，处理情感和直觉。间脑是距离旧脑最近的大脑，人们大部分的冲动购物行为，都来源于情感或直觉对间脑的刺激所造成的结果。

新脑：也叫脑皮层，是最后进化发育而来的，主要用来处理理性数据，如语言处理、阅读、思考、做出计划。

3个脑的信息处理理论完全可借鉴到文案与沟通策略上。在写文案时需要同时考虑新脑的理性思考、间脑的情感处理、旧脑的决策反应。这3个部分刚好构成了文案的一种基本构造框架：理性沟通—情感沟通—刺激快速做出决策。

例如，销售家用汽车的文案，在理性沟通上会给出很多具体的参数来说明这种汽车的性能好，从发动机、轮胎材质、车内空间等全方位进行说明；而在情感的沟通上，除了会给每款车取一个打动人的感性名字，如"天籁""甲壳虫"，更会去展现用户购买汽车后带着自己的家人、孩子去体验更多的活动，一家人开心使用车的场景，来刺激用户的情感；而直接刺激购买行为则很有可能是现在汽车正在做限时活动，不购买的用户很可能会面临损失。

一般具有销售力的文案都会同时具有以上3个特点。但是不论如何设计，文案首先要有一个吸引人关注的好开头。

根据相关理论，结合实践经验，共有4种吸引人关注的方法，即聚焦自我、展开对比、满足好奇心、发动情感。聚焦自我、展开对比是直接与旧脑沟通；满足好奇心同样是基于人类的生存发展需求，与旧脑对话；而发动情感则是与间脑做沟通，以最快捷的途径打动旧脑。

2.2.2 聚焦自我

人总是关注自己想关注的内容，对任何与自己没有直接利益和生存关系的事情都不容易在乎。

例如，走在路上你发现一个路人被高空落物击中受伤，你的第一反应是确认自己的上方是不是也有物体坠落，确保自己在这个环境下有没有危险、会不会受伤。在确认过后你才会开始对受伤者产生同情，或者理性上考虑受伤所带来的后果。

这就意味着，客户并不关心我们的品牌、产品或服务，他们只关心产品或服务能够给自己带来什么，或者说能够为他们做些什么。所以，一般使用"你"这个字，更容易被受众注意和理解。例如，文案在说明一个新系统更节省能量的时候，就不应该说"新的系统将比当前系统少用50%的能量"，而应该说"新系统将为你节省50%

的成本。"

查看官方网站、品牌和产品介绍等就会发现,大部分企业的文案都侧重于描述"我是什么""我有什么",却很少关注能够给目标人群带来什么,在这方面有很大的改善空间。据统计,在制作微信公众号图文标题时,只要多加一个"你"字,阅读量会比平时增加5%～10%。

在文案实践中,与"我"相关的理论可进一步深化分解为与"我"的收益相关、与"我"的标签相关、与"我"的生活相关。

1. 与"我"的收益相关

与"我"的收益相关,即直接说明产品或服务的卖点能够给顾客带来的好处、收益或价值。换句话说,就是顾客购买的不是产品或服务,而是产品或服务能够给他带来的好处,如图2-2所示的珀莱雅红宝石精华广告文案就直接运用了这一原理。

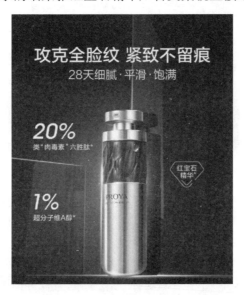

图 2-2

珀莱雅红宝石精华的广告标题是"攻克全脸纹,紧致不留痕",卖点为添加20%的类"肉毒素"六胜肽,好处是平滑细纹。平滑细纹就是消费者所关注的产品卖点——添加20%的类"肉毒素"六胜肽所带来的直接好处。

文案工作者在写作文案时,应时刻询问自己:我的卖点是什么,能够给消费者带来的好处或价值是什么;然后用目标人群最能理解的语言表述出来。这样的文案才更容易引起人们的注意。

2. 与"我"的标签相关

与"我"的标签相关中,标签包含"我"的名字、个性、属相、星座、血型,甚至"我"的母校、出生地等，一切能够定义"我"是谁、"我"来自哪里、"我"的个性是什么等。

例如，小明毕业于北京大学，在他接收到的一连串的信息流中，关于北京大学的相关信息就会比其他信息更优先被他注意到。

在很多人的朋友圈中经常会看到朋友分享有自己名字和相关个性标签的图片，也是同样的道理。分享者不仅关注与自己相关的标签，更愿意分享出去，以展示或树立个人的社会形象，如图2-3所示。

图 2-3

与"我"的标签相关的原理，在日常工作中也可进一步运用。年轻化的品牌更愿意借用与"我"的标签相关的原理来做广告，不仅可表现品牌的独特风格，也可以打动年轻人的心。例如，做一些与星座相关的品牌植入，roseonly推出的十二星座水滴形永生玫瑰花礼盒就是典型的运用"我"的标签做卖点的产品，如图2-4所示。其广告文案是"阅尽星河浩瀚，心中点滴是你"，看到广告的女性都会忍不住想查看自己的星座永生花是什么颜色的呢？又有怎样的文案呢？

3. 与"我"的生活相关

与"我"的生活相关涉及生活的方方面面，如吃、喝、住、行、穿，大到生活的城市、日常的天气，小到刷牙的每个细节或动作，甚至与精神生活相关的价值观等，凡是与产品或服务的目标人群的生活相关的都是与"我"的生活相关。例如，住在沿海的人在夏季更容易注意到这样的信息标题：某某市今起有十二级超强台风；有龋齿的人更容易注意到这个标题：注意！这几个生活习惯会加重你的龋齿；单身主义者则更容易注意到这样的标题：单身的幸福，大部分人都不懂。

企业在做相关宣传时也会考虑到与"我"的生活相关。

图 2-4

曾经一度刷屏大龄未婚女青年朋友圈的 SK-II广告《她最后去了相亲角》也同样运用了与"我"的生活相关的原理,通过走进大龄未婚女青年的精神世界,传达了大龄未婚女青年的精神状态和压力,为大龄未婚女青年发声,呼唤更多人的理解,并让自己的目标人群产生深刻的共鸣。

2.2.3 展开对比

对比,即把两种相应的事物对照比较,使目标人群的感受更加强烈。对比手法常常用在文学创作中,如动与静、明与暗、冷与热,甚至突发情况与日常情况也是对比。对比强烈的事物,会直接触发大脑的决策机制。

为什么我们的大脑会对有对比的信息加以关注?正如"温水煮青蛙"的道理,青蛙的反应取决于一个因素,就是水的温度。如果直接把青蛙放进热水里,强烈的温差会触发青蛙的行为,它会迅速跳出来;但是,如果让水温逐步上升,青蛙的身体会产生热适应,直到最后水温高到一定程度就再也跳不出来了。

这也说明了我们大脑的工作原理:强烈的对比会帮助自己做出决定。从根本上来看,人更关注突发情况或状态的改变。

这就好比你下班后回到家,如果有人去过你家,你一定会马上察觉到家中物品位置的轻微变化;手机振动时你马上会有感觉;黑暗中突然打开了电灯;安静中有响动……这类突发情况都会发出关于周围环境发生变化的重要提示。这样的现象也被科学家证明,我们的感官总是积极主动地搜寻周围环境中发生的突发情况,以便随时做出有利于自身安全的决策。

因此，这也意味着文案必须通过制造对比来引起消费者的关注。在日常的文案工作中，可以制造的对比有使用产品或服务之前和之后、没有解决方案和有解决方案、你和竞争对手等。

1. 使用产品或服务之前和之后的对比

通过使用产品或服务之前和之后的对比，或者现在和未来的对比，让目标人群更明确地感受到文案所表现的卖点。一般来说，产品或服务效果明显，采用之前和之后的对比更有说服力，如使用减肥产品之前和之后、使用美白产品之前和之后、整容之前和之后等。

另外，之前和之后的对比也常运用在平面设计上，能够让人更直观地感受到对比。图 2-5 所示为体现产品的去毛球效果的对比，图 2-6 所示为体现牙齿美白前后的效果对比。

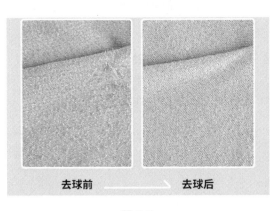

图 2-5

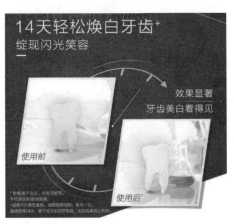

图 2-6

标题常见的用法有：发型服务如"一妹子发型前后的对比效果，惊呆了！"；洗发服务如"洗了 20 年的头，竟然不懂如何选择洗发水"。

日常运用如：简历标题"自从招了他，这些活儿的效率提升了 80%"；时间管理 PPT 标题"做好时间管理，3 分钟能完成原本 3 小时的事儿"。

2. 没有解决方案和有解决方案的对比

这种方法主要通过展示使用文案所提供的解决方案前后的对比，体现出卖点。一般此方法用在可以解决麻烦、费时费力问题的产品或服务上。例如，步步高点读机的文案"妈妈再也不用担心我的学习了"，讲的是使用点读机之前妈妈要陪伴孩子学习，并且可能出现英语无法教好的情况，而用了点读机之后，妈妈再也不必担心了。又如，文案"学会这 5 种超实用整理术，项链、戒指再多我也能一秒就找到"，解决了之前到处寻找饰品的问题。文案"再也不怕来客人！一大桌好菜照着烧就行"，解决了来客人后不知如何烧一大桌好菜的问题。

3. 你和竞争对手的对比

这种方法主要通过自己的产品或服务与竞争对手的产品或服务的对比,突出自身的优势。这一点的运用,可直接帮助目标人群在众多的产品或服务中进行选择,让人不仅注意到文案所表现的产品或服务的好处,而且在做决策时更容易记住你的产品或服务。

例如,瑞幸曾经对星巴克下战书。但瑞幸真正的竞争对手是谁?很明显不是星巴克。它瞄准的是在职场、在路上甚至在家中喝咖啡的场景。瑞幸真正的竞品,其实是其他外卖咖啡或者速溶咖啡。但在传播上,瑞幸选择"碰瓷"星巴克,树立中国咖啡品牌大战美国咖啡品牌的形象,无疑更明智,如图 2-7 所示。

图 2-7

以上三点都是通过对比来吸引人们注意并体现出产品的卖点。需要特别注意的是,一切方法都不能脱离文案所服务的产品,最好的检验方法就是问自己一个问题——我用的这个对比的方法是否能够强有力地体现出我的诉求。

2.2.4 满足好奇心

英国有句谚语:"好奇害死猫",自古就有很多名人都推崇好奇心,如居里夫人说:"好奇心是学习者的第一美德";爱因斯坦说:"我没有特别的才能,只有强烈的好奇心。"

人为什么会有好奇心呢？这里有一个来自果壳网的解释，笔者非常认同："人对生存之中不可知事物的关注、理解和研究，可以让人们在预测、防御和处理危险时更有成功的机会，从而避免伤害。"

心理学家把"好奇"分为知觉性好奇、认识性好奇、人际好奇三大类。

1. 知觉性好奇

知觉性好奇是由新奇的视觉或听觉上的刺激引起的，通过新的刺激引发个体的探索行为。

如广告"全新巴黎欧莱雅"，欧莱雅一直都在宣传"全新"。类似的知觉性好奇还有"首创的某某技术"等，主要就是通过不一样或者新推出的某种技术或某个概念刺激人进一步探索。

2. 认识性好奇

认识性好奇是由知识上的不确定性引起的，激发个体提出疑问、寻找答案，最终获得知识。这种好奇就像牛顿由一个掉落的苹果引发"为什么苹果会掉落"的思考，从而发现万有引力定律一样。

工作与生活中有一个很好的运用句式——将"如何"这一词汇运用在开头，就可以自然而然地使用"认识性好奇"的原理。例如，"如何快速阅读本书？""如何在21天养成一个好习惯？"，或者"99%上过大学的人未必懂得这个道理"。

3. 人际好奇

人际好奇主要是在社会生活领域中产生的社会性好奇，包括信息缺口好奇、兴趣关联好奇、社会比较好奇。

1) 信息缺口好奇

当一个人目前的知识与想要获得的知识存在差距、存在缺口时，就会产生好奇心，并去探索新的信息以弥补信息上的缺口。

信息缺口好奇如果用简单的句式来概括，会是这样的：你知道……但未必知道……，如"你知道海底捞厉害，可你未必知道它真正恐怖在哪里""眼睛近视不只因为用眼过度，这些因素你未必知道"。

2) 兴趣关联好奇

当事物与自我喜好、自我需求度和关联度相关时，则会产生好奇。每个人的兴趣、需求都不一样，因此关注点也会产生差异。例如，喜欢绘画艺术的人会对"梵高为何自杀"这个标题感兴趣；对王菲有好感的人会关注"王菲的最爱不是谢霆锋，而是TA"这样的话题；不但喜欢王菲，而且还是一个对育儿感兴趣的人，会更倾向于关注"王菲，才是一个高手级的妈妈"这样的文章开头。根据兴趣的喜好度和需要度，以及人际关系的紧密程度与好感度，可以判断我们文案的标题、开头是否属于好奇度高的话题。

  3) 社会比较好奇

当个体与他人的信息进行比较时，在发现自己某方面信息缺失时会产生剥夺感，从而激发自己了解他人信息的好奇。个体为了与他人比较，首先需要获取他人的信息，并把他人的特点和经历与自己进行比较，如"乔布斯 20 岁的时候就已经学过这些"。

2.2.5 发动情感

  发动情感，通过情绪、情感的刺激，以达到吸引注意打动人心的作用。情感可直接作用于间脑，从而影响旧脑，情感、情绪更容易直达人的内心并引起强烈的记忆感受。

  多项脑研究的结果显示，当对某人、某物产生强烈的情感反应时，混合荷尔蒙就会释放到血液里，加速和强化大脑中神经突触的联系。人的大脑灰质层有 1000 多亿个神经元，每个神经元不会起很大的作用，但当它们相互联系起来时，魔力就发生了。这些魔力作用会影响人的记忆。

  情感、情绪可以按照不同的范畴去分类。如按照价值的正负变化方向可以分为正向情感、负向情感。正向情感包括愉快、信任、感激、庆幸等，而负向情感则包括痛苦、鄙视、仇恨、嫉妒等；按照价值主题的类型又分为个人情感、集体情感和社会情感。美国心理学家保罗·艾克曼证实了人类有喜、怒、哀、惧 4 种基本情感、情绪。

  喜，即喜悦。励志类型的标题常用此种手法，如《辗转数十年，终战胜病魔》，通过讲述过程的艰难，传达出最终成功的喜悦之情，以此感动人心。

  怒，即愤怒。《时隔 3 月滴滴顺风车又出事，20 岁年轻女子坐车遇害》，看到这样的标题，你会忍不住点进去看看吗？当时但凡文章标题中体现追这个热点的自媒体文章，阅读量非常容易就达到了 10 万+，说明人们对此事的关注度和分享意愿非常之高。"滴滴打车女子被害"案，正是激发了民众的愤怒情绪！

  哀，即悲伤。新闻自媒体常通过个别极端的案例引发大众的哀伤情绪，在短时间内很快引起了人们的关注。但在企业文案中应该少用，以免带来负面影响。

  惧，即恐惧。恐惧情绪是商家常用的情绪刺激方法。例如，卖摄像头的商家会想办法让你感觉你家很有可能被偷；教授钢琴的培训机构会让你觉得不学钢琴的孩子更容易变坏。

  恐惧的情绪在所有的情绪中最容易引起传播。这也是很多谣言常用的方法，如通过编造说明小龙虾的生存环境有多么恶劣来引起人的恐惧。

  情绪、情感有很多种，想要运用发动情感的原理，须根据产品和品牌的风格选择不一样的情绪。如品牌风格为欢乐，则应尽量避免运用悲伤、恐惧的情绪。可口可乐不会轻易运用"恐惧营销",而是在所有的广告画面中都呈现快乐分享的正面形象。即使有一些医药产品运用了"恐惧营销",也应该尽量避免运用负面词汇,以防带来负面效果,如补血的广告会用更大的篇幅去描述气血充足后精神饱满的生活和喜悦的状态。

根据以上 4 个方法,可运用"文案注意力检验清单"来检验标题、广告主题或文案的开头是否吸引人的注意力,如表 2-1 所示。

表 2-1 文案注意力检验清单

选 项	聚焦自我	展开对比	满足好奇心	发动情感
打 钩				

文案的开头只要符合其中的一项,则为合格的文案开头;如果同时满足表格中的两项,则为 80 分以上的好文案开头。例如,肯德基宅急送的文案"天天 1 元",可以直接对应"聚焦自我"中的与"我"的收益有关,检验为合格的标题。这个标题取决于活动本身的设置就足够具有吸引力,活动力度大。所以,一般活动力度大的文案标题,应直接把最大的收益点阐述出来。这样的标题直接达到了品牌商的目的,也体现了受众的收益点。

某品牌珠宝的标题为"因爱而美,为爱而生",用注意力检测清单来检测会发现与上述的 4 个方法有偏差。其情感联系略有一点,但并不是特别强烈;从注意力的角度来看,此标题是不合格的。这主要看文案是用在什么地方,作为日常用的广告语,如无须吸引注意,则不要用注意力原则来做判断。

"文案注意力检验清单"成立的前提为文案符合品牌方的品牌特性;否则即使吸引了注意力也是一个失败的开头。另外,还需考虑一些特殊的品牌,如苹果公司每次推出新手机,都有成千上万的"果粉"翘首以待。在这样的情况下,基本不需考虑吸引注意法则,因品牌本身对相应的消费者已经自带吸引力。因此,这里所讲的标准只适合一般品牌的文案需要吸引注意力时的日常运用。

2.3 撰写有代入感的文案

本节导读

代入感在小说、影视作品甚至游戏中,指的是相应的受众能够和作品中的人物一样感同身受,产生身临其境的感觉。在广告文案中也是一样,代入感就是把受众带进一个特定的销售或品牌的场景中。本节将介绍撰写有代入感文案的方法。

2.3.1 利用故事

人们在故事的情境里更能够感同身受、理解真理。广告文案也是一样，通过讲故事，可以快速地让人有代入感，并且融入自己想要表达的诉求。

下面列举一组支付宝对支付功能的宣传文案，如图 2-8 所示。

图 2-8

- 今年的账单上，90%的付款记录是为了我。爱别人前，我想先学会爱自己(为悦己支付，每一笔都是在乎)。
- 坐过 55 小时的火车，睡过 68 元的沙发，我要一步步丈量这个世界(为梦想付出，每一笔都是在乎)。
- 我曾与很多姑娘说过情话，但让我习惯为她买早餐的只有你(为真爱付出，每笔都是在乎)。
- 千里之外每月为父母按下水电费的"支付"键，仿佛我从未走远(为牵挂付出，每一笔都是在乎)。

第二组是在地铁上宣传支付宝联合其他企业推出的城市生活服务功能的文案，如图 2-9 所示。

- 李君婕，23 岁，大学生。"用了 10 秒，做了一个最有成就感的决定，我是中国第 150895 位器官捐献志愿者。"(支付宝与中国器官移植发展基金会合作推出"器官捐献登记"功能)
- 黄天莲，62 岁，农民。"自从姑娘教会我用支付宝寄快递，最喜欢隔三岔五给她寄吃的,想到她不回家也能吃到我亲手做的腊肉,就很开心。"(支付宝联合 EMS 推出在线快递功能,用户通过支付宝"我的快递"功能可实现快递上门取件)
- 洪蓉芳,67 岁,个体商户。"自从孙女给我弄了支付宝,每天早上来买饼的年轻人翻了倍,他们夸我,阿婆你好潮啊!"(支付宝推出全新收款功能,无论是大商家还是小商家,都可以用支付宝收钱,无现金生活成为可能)
- 陈家荣,40 岁,贫困户。"去年 7 月,老房子失火被烧了,最急的时候保险公司赔了我 9000 多块钱,原来政府早就给我们在支付宝上买了保险。"(支付宝联合中国人保、中国人寿推出公益保险,政府和爱心人士可以为低收入人群买一份保险,让他们的生活更有保障)
- 黄慧,35 岁,服装店主。"做生意难免有急用钱的时候,最怕欠钱又欠人情债。现在好了,凭信用就能借到款,半小时就到账。"(蚂蚁金服联合杭州银行推出"纯信用,随借随还"信贷产品,帮助小微企业渡过难关)

图 2-9

讲故事的魅力就在于此,它让人能够立刻有代入感,从而产生情感,这份情感促使人去行动,对于品牌而言,自然而然就带来了高销售以及品牌溢价。

讲故事的方式几乎适用于任何产品和品牌,更适用于同质化比较严重的商品,在卖点上找不到更大的突破点,用故事来加强情感联系。当然也可以在产品本身就具有很大特点的基础上,用故事来深化这个特点。

2.3.2 利用提问

"请问,你觉得自己所在的学校食堂饭菜口味怎样?"当你看完这句话,脑海中是不是已经在极力搜寻有关学校食堂饭菜的记忆,以便回答这个问题?如果再针对你评价中的不满意因素来提供对应的解决方案,且解决方案中包含某个对应的产品,你会不会更容易去接受这个产品?

对于问题,大部分人的本能反应就是去理解它、去回答它。麦克罗斯基认为,这么做的原因要归结于我们所受的社交训练,当有人问我们问题时,我们必须做出回答,而要给出正确的回应就要求我们必须理解这个问题。

通过提问题,人自然而然地就进入了预先被设置的思考路径。提问题能使人付诸思考,引起重视,做出反应,更容易让人有代入感,直接进入到广告文案要表达的主题中去。

提问题可以是选择题、填空题,反问式或只是陈述句加了一个问号,都能够带来代入的效果,一般适用于功能性比较强的商品或服务介绍,通过提问题将目标人群带到需求的困扰点上,然后通过品牌商的产品或服务获得解决。

例如,Burberry 微信公众号的一篇文章名为《拍大片时模特们都在想什么?》,是十分明显的悬念式标题,同时又紧扣自己的品牌营销,文章内容展示模特们为 Burberry 拍片时的过程,同时宣传 Burberry 2020 秋冬系列的新品服饰,如图 2-10 所示。

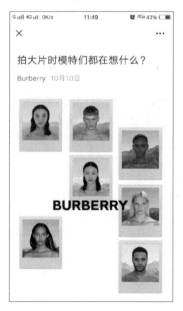

图 2-10

2.3.3 利用情怀

逛街的时候你有没有注意到,每个品牌门店的橱窗都是一个店铺当中最漂亮、最吸引人的区域?每个品牌门店的橱窗装饰都会花费设计师极大的精力和成本,以达到不仅体现品牌的风格,更能触动目标人群的作用,甚至包括店内的音乐,也都是精心挑选的,这一切都在营造一个场景,而这个场景最终的目的就是激发人内心的情怀。情怀是什么?是一种高尚的心境、情趣和胸怀。如大家常说的"生活不只眼前的苟且,还有诗和远方"中的"诗和远方"就是典型的情怀。

在新媒体文案中,需要动用一切能用到的资源来营造这样的情怀氛围,如用具有情怀的文案甚至图片、音乐等,将目标人群带入到品牌所需要的氛围中去。

"千万不要在夜晚 10 点打开淘宝"。由甲方品牌决策层和创意公司上海意类广告共同打造的"淘宝 2 楼《一千零一夜》"系列,推出后迅速引爆巨大访问流量,最让人惊叹的地方是其在内容和形式上的创意尝试,表现效果和引发的销售转化在自带流量的淘宝平台下更加夺目,如图 2-11 所示。

图 2-11

区别于正常广告内容按照用户阅读习惯放置在应用页面中,淘宝逆向思维地把它藏在了页面顶部,为淘宝搭建 2 楼。通过应用首页横幅广告神秘画面和文案引发用户好奇心去自发下拉顶部,进入淘宝精心设计的一个个奇幻夜世界。广告内容采用了竖屏短视频形式去展现那些悬疑、荒诞、冲突、情感等元素的"产品微电影",用户首先在视觉上被全新的观影体验震惊,接着又沉浸在"一个产品"创造的"一个新奇元素的故事"中,让他们或是思念家乡的味道,或是慨叹兄弟朋友间的情谊,甚至回忆青春年少的岁月,故事里总能看到与自己相似的身影。"美好的事物能治愈",一方面被产品故事治愈,另一方面又被"深夜放毒"控制住,这引发的关联情绪正是激发用户购买欲的利器。以产品做内容拍竖屏式的电影,以应用内创新交互作入口,为产品的传播带来无数流量。

讲情怀尤其适用于文艺风格的品牌，也同样适用于非生活必需品，通过宣传一种生活方式，营造出具有情怀的氛围以达到让受众有代入感的目的。

2.4 撰写有信任感的文案

本节导读　广告的主要目的就是在消费者心中对应的位置放上自己的广告信息，以期影响他们日后的购买决策。在"传播—影响—购买"的过程中，消费者对广告文案的信任程度关系到广告的目的能否实现。

2.4.1 利用权威

在广告文案中，要去说服别人相信，也需要使用权威。用权威的方法会把消费者对于权威机构、权威个体的信任转移到产品或服务上。下面将会从权威的个体及组织、权威标识、权威的认证、权威的实际运用演变及权威附着5个方面分别进行阐述。

1. 权威的个体及组织

权威的个体及组织一般是一个行业内具有发言权的个体或组织单位。例如，保健品、营养类对应的权威个体会是保健医生、营养医生，对应的组织则是相关研究单位或营养协会。而对于学生而言，教师往往就是具有权威性的个体，教育部则为权威的组织。

2. 权威标识

权威标识一般由国家权威相关部门推出行业标准，达到对应标准才能使用对应的权威标识。食品行业中的权威标识，如绿色食品认证标识、有机食品认证标识、QS企业食品生产许可标识等都具有绝对权威的作用。

3. 权威的认证

权威的认证由权威机构进行认证并颁发相关的证书。例如，中国质量认证中心(China Quality Certification Centre，CQCC)，是经中央机构编制委员会批准、由国家质量监督检验检疫总局(现为国家市场监督管理总局)设立并委托国家认监委管理的国家级认证机构。被这样的机构颁发的认证证书同样具有权威的效用。由权威机构颁发的证书、报告都具有权威的作用，如珠宝鉴定证书、质量检测报告等。

4. 权威的实际运用演变

在日常生活中经常会看到运用权威的情形，但是当一些品牌或行业没有特定的权威相关标识，商家又需要用权威来说服的时候，同样可以巧妙借用类似的原理。在权威标识的基础上做演变运用，自己创造品牌专属权威标识用于突出强调卖点，达到信息可信的目的，如美素佳儿奶粉广告中的"天然营养锁留系统"的标识，运用一个盾牌的标识设计，包含"锁留系统"这样专业性词汇来做，同样也会给受众心理造成权威的印象。

权威中的典型运用如佳洁士的广告，如图 2-12 所示，佳洁士一直宣传的卖点是防止蛀牙，那么，什么人在防治蛀牙上具有权威的发言权？自然是口腔专家了，因此，佳洁士所有的广告片中，都会看到用口腔专家的专业权威这一形象来表述"防止蛀牙"的卖点。

图 2-12

在佳洁士的这个广告图中除了权威的口腔专家形象外，还可以看到"口腔研究院""全国权威口腔专家"这样权威的词汇，每个元素都在展示权威，每个元素都在相互协同强调权威，虽然这是佳洁士自己的口腔研究院，但是权威的效果同样存在。

让自己的品牌成为行业中的权威，成为一个领域的知识提供者，很多品牌都是这么做的。例如，运动类的耐克(Nike)、安德玛(Under Armour)会将自己塑造成运动专家，甚至拥有自己的 App，将运动教学免费开放给所有人，成为大家的运动教练的权威角色，而它们自家的产品则成为运动教学中的道具。让受众在特定方面依赖于品牌专业权威的知识，品牌即可成为权威专家的形象。

5. 权威附着

权威附着即商品或服务新推出时可能没有任何强有力的说服证据，但是这个商品或服务为行业中的龙头企业所认可也同样具有权威的说服作用。例如，某个新品牌进入了沃尔玛的卖场销售，因沃尔玛是零售商超界的龙头企业，对产品入驻标准较高，能进入沃尔玛销售的商品说明各方面均达到了较高标准，因此，这个商品进入其他小型卖场就会更加轻松、可信。

从以上 5 个方面看权威，就会发现用权威的方法适用于新品牌、新产品，更适用于强调专业特性的产品或服务。

2.4.2 反权威

生活中会出现这样的情况：如果你感冒了，需要去药店买药，而平时感冒药的广告也很多，你知道有很多治疗感冒的药，那么，到底应该购买哪个呢？此时此刻你身边的朋友马上推荐了一款感冒药，说自己之前感冒就是吃这个且很快就痊愈了，你会不会立即购买朋友推荐的那款感冒药呢？

《尼尔森 2015 年全球广告信任度调查报告》显示，朋友推荐的口碑形式是信任度最高的广告形式，而这种形式恰恰和运用权威是相反的，称之为"反权威"。当然，反权威不只包括朋友推荐的口碑形式，还包括真实客户案例、使用反馈及评价等，这些均来自于第三方，为已经发生过的事实。反权威属于实证，可以让传达的信息更值得信任。

反权威日常的运用包括真实案例、购物网站的买家评论、买家秀等。

1. 真实客户故事：赛百味和贾里德·福格尔的真实故事

20 世纪 90 年代末，快餐业巨头赛百味公司为了标榜自己的三明治系列很健康，脂肪含量低，以"7 个三明治只含有不到 6 克的脂肪"做宣传，然而业绩并没有飞涨，但一次偶然发现的真实客户故事却有效地提升了赛百味的业绩。

大学生贾里德·福格尔大三的时候体重已经到了 425 磅，穿衣服需要到大码店挑选最大码的衣服。贾里德的父亲是一名家庭医生，多年来一直警告自己的儿子要减肥，但一直没有成效。当贾里德因过于肥胖引起脚肿时，贾里德的父亲警告他现在的情况很有可能进一步导致糖尿病和心脏问题，再这样下去贾里德可能活不过 35 岁。贾里德看完病后决心减肥，并且通过他所谓的"赛百味饮食法"，坚持 3 个月只吃赛百味，当他再次站在体重秤上的时候，体重秤上的数字已经显示是 330 磅(约 150 公斤)，他减了近 100 磅。

这个故事被赛百味的加盟商发现后，做了进一步的推广宣传。1999 年，赛百味销售业绩平平，而在 2000 年营业额却上升了 18%，到 2001 年又同比增长了 16%，而当时其他规模较小的三明治连锁店每年的增长率也不过 7%左右。

真实客户故事远比"7 个三明治只含有不到 6 克的脂肪"更具有说服力，这让受众直接感受到了三明治不仅脂肪含量低，还是减肥时可以选择的饮食。

不过，客户故事有很多，但好的客户故事可遇不可求，也不是所有的客户故事都是好的客户故事。这里有一个判断标准——客户故事是否和我们重点宣传的方向是一致的，如赛百味宣传主题原本就是"我的产品健康且脂肪含量低"。而客户故事正好是因为这个卖点，吃赛百味来减肥，并且减肥成功了，如果客户故事是其他事件则不可能产生这么好的效果。作为文案，要保持一定的敏感度，善于发掘和分析客户故事。

2. 客户评价

当面临的选择很多，无法进行判断的时候，客户评价就能够给受众展示一个更客观的真实反馈。例如，用餐这件事，在同一个街区选择用餐，可供选择的餐厅有上百家，如何找到最适合自己口味和需求的餐厅呢？看五光十色的招牌、宣传单广告？还是一家一家地尝试？此时此刻打开餐厅点评类的网站或 App 即可查询到其他客户的评价，你就能更快速方便地找到适合自己的餐厅了。通过其他食客的评价，你会很快了解到想去那家餐厅的口味、环境、服务，这样的信息远比商家自卖自夸要真实、可靠得多。

在购物网站选购商品的过程中，当无法判断商家信息是否真实可信的时候，都会去查看客户评价。在广告文案中，也可以照样运用到客户评价，直接将真实的客户评价展示在文案中，增加文案的可信度。

例如，小米官网底部的热评，分别将几款商品的评价直接展示出来，以增加商品的可信度和说服力。其中，米兔故事机的评价更是强调了商品的卖点，如"适合婴幼儿使用""全家人都可以捆绑故事机"等，如图 2-13 所示。

图 2-13

2.4.3 利用数据

人们常说"用数据说话",会议中用数据说工作成效会更有说服力,广告文案中用数据也是以最理性的方式来证明卖点,在必要的时候还需要呈现最为准确的数据。

2015年,智能手机市场竞争激烈,除小米、魅族、三星、锤子、苹果外,连卖空调的格力,做视频、做电视的乐视都在做手机,每家都推陈出新,在营销上费尽心思。但有一家手机品牌,却默默赚得了销量和用户口碑,还凭借一句广告文案火了,那就是OPPO。

在智能手机续航能力不足,频繁使用无法维持一整天的时候,OPPO推出了"充电5分钟,通话2小时"的广告文案,这句广告文案用数据简单明了地说明了OPPO最大的卖点——快充技术,如图2-14所示。

图 2-14

其实,之前在2014年OPPO便已经推出快充技术的手机,但直到2015年OPPO R7打出这个广告语后,才迅速成为手机爆款。自此也带动了OPPO其他拥有快充技术的手机。

如果OPPO手机直接说"OPPO手机充电就是快"受众是无感的,但是如果说"充电5分钟,通话2小时",大部分人能够立刻感受到OPPO充电很快的这个卖点。用数据,让信息变得更准确、可信。这句广告文案除了数据运用外,最重要的就是抓住了产品最大的卖点以及用户最大的关注点,大部分的智能手机电池续航能力差,需要很长的充电时间。产品本身是关键,用最有效、最能体现产品卖点的广告文案才能对产品的销量产生极大的推动作用。

美的空调的"1晚1度电"也是同样道理,如果直接说空调很省电也会让受众无感,但是说"1晚1度电"就能直接把具体的省电省成什么样用数据呈现出来,受众会立刻感知到,广告文案变得真实可信,而不是自卖自夸。

类似用数据来说明产品卖点的例子还有很多,如精工石英表的"1000 次撞击,精工表依然精确无比",用"1000 次撞击"的数据来说明手表的耐用程度;大白兔奶糖的"7 粒大白兔奶糖等于 1 杯牛奶",这个广告文案是用来表现大白兔的牛奶含量很高,让人感觉到更为具体的可信。

广告文案中的数据越准确越好,尤其是涉及产品成分时。例如,象牙肥皂的广告文案"99.44%的纯粹"。象牙肥皂称得上是宝洁公司最具历史的拳头产品,它于 1879 年面世,"99.44%的纯粹"是该品牌沿用了很久的广告词,当时象牙公司让一位化学分析师对该肥皂进行了成分分析,化学分析师发现除了极少量的游离碱等其他物质外,主要成分达到了 99.44%,由于这个数据精确到了小数点后面两位,因此它也给人一种专业、可信赖的感觉。

用数据的原则是能用阿拉伯数字就不用中文的数字表述。数字"100 元"比"一百元"更能打动人心,因为阿拉伯数字比文字的传达速度要快,无国界理解限制,"无阅读"直达大脑。因此,在文字中夹杂阿拉伯数字,会加快文本的理解速度(按照中国国家文字标准,凡是在文字中适合使用阿拉伯数字的,尽量要使用阿拉伯数字,而不是中文数字,也是符合"用数字说话"的原则,方便速读)。

2.4.4 客户自证

客户自证,即鼓励客户通过自己的方式去验证产品或服务的卖点,让信息可信、可验证。客户自证属于客户内部证据,经过客户自己的观察、验证而获得的证据,好比常说的"耳听为虚,眼见为实",大家都相信自己所看到的。

海飞丝广告就很好地运用了这一点。海飞丝的头屑测试卡,让客户自己证明效果,如图 2-15 所示。

图 2-15

海飞丝宣传去屑的功能，通过用头屑测试卡让效果眼见为实。广告文案是通过一位女明星说出来的："每当我有新的尝试，总会有人怀疑，我要让他们亲眼看看事实，看看我的实力。选择去屑洗发水，我也要亲眼看。"画外音为"海飞丝头屑测试卡，让去屑效果眼见为实"。并且配合这个广告活动，海飞丝在超市等销售渠道投放头屑测试卡，甚至在杂志广告中都会夹带赠送一个头屑测试卡，目的主要是让客户能够自己拿着这个头屑测试卡去进行测试。

这个头屑测试卡的运用，充分展示了品牌商对于去屑效果的自信，让客户自证也自然而然地增加了去屑这个卖点的可信度。作为客户，需要购买去屑洗发水的时候，看到海飞丝这样的客户自证的方法，会不会更信任而产生购买行为呢？

经典的一句广告文案"你的头皮健康经得起指甲测试吗？"，也是让自己用指甲去证明头皮的健康程度。在现实生活中，也可以看到商场里常有试吃活动，用的原理也是一样，主要是让客户自己去试吃，自己来证明东西很好吃。另外，这种方式也是谣言常用的方式，为了让信息更可信，也会尝试用自证的方法。

2.4.5 为客户示范

大部分人购买行李箱的时候，都会遇到这样的情况，当你问这个行李箱是否牢固时，销售员很有可能二话不说直接把行李箱放倒，然后站在行李箱上，甚至在行李箱上跳跃，说："这个行李箱很牢固的，你看我这么站着都没有问题。"一般这样的情况下，基本都能够成交，因为销售员直接示范了效果给你看。

经典的广告创意如汰渍的广告。汰渍自 1995 年进入中国市场，直到现在，广告风格和创意几乎都没有变更过，是通过"衣服非常脏——用汰渍清洗，展示洗过之后的效果"来表现汰渍的去污品质，加强了"有汰渍没污渍"这句广告文案的可信度。

类似直接示范效果的还有很多，如卖电饼铛的商家会直接现场做蛋糕；卖刀的商家现场展示切各种物品的使用效果。如此示范的主要目的除了重点强调商品的卖点外，还能够示范出如果受众购买回家的使用场景，也会让人有代入感。另外，品牌商会创造出极端的环境以展示产品效果，越为极端则越具有说服力，越值得信赖。

路虎为了强调自己极强的越野功能，会拍摄路虎车在不同极端路况下的优良表现，如冰面上、雪地里、沙漠里甚至是泥水覆盖到半个车的高度。

把这样极端情况下的表现展示出来，即使没有文案，也能够让人直接感受到品牌商想要说的话。

实用性强的商品，更加适合运用示范效果的方式。好比之前提到的汰渍去污力、路虎的越野功能，示范效果均为对商品卖点及效果的进一步强调说明。

2.4.6 展望愿景

以上5种方法都是非常理性的说服，但是有一些同质化非常严重的商品，实用性并不是特别强，如某品牌和某品牌口红之间的差别很小，一方面，从理性的角度来看口红和口红之间成分几乎相同，只是颜色略微不同；另一方面，购买口红的需求并不是为了解决一些实际的问题，从马斯洛的需求层次论来看(见图2-16)，这样的商品解决的都是人的归属和尊重的需要，属于感性的需求，通常用说愿景的感性方式去满足归属和尊重的需要，这里主要有运用明星代言展现美好形象的愿景、展示品牌或产品的价值观两种方式。

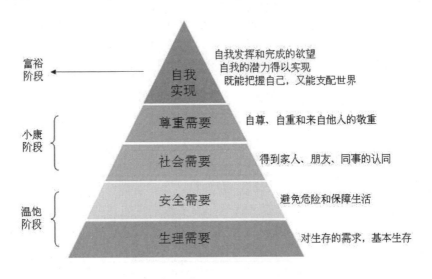

图 2-16

1. 运用明星代言展现美好形象的愿景

现代营销大师菲利普·科特勒说过："如果你的企业没有非常强有力的创新，那可以找一个代言人，如乔丹。如果人们看到一张有名的脸，客户会很快认识这个产品。"明星代言就是利用明星的光环效应(或晕轮效应)，将某知名的、令人喜爱的、受人尊敬的人物形象与具体产品组合、嫁接、联系起来，将前者的价值转移到后者上。

明星本身自带偶像光环，隐含着声望、地位、成就的意义，用明星代言是最直接满足人尊重的需要。以一个模特的美好形象展示商品使用的效果，给人以暗示——使用该产品，你也能够获得和模特一样的效果。用模特优质的形象为产品加分，也可以进一步强化品牌形象。

品牌在选用明星时，一般选用的明星形象和受众形象是相符的，且和自己的产品属性相关，如你的产品是销售给女性的，选用的明星一定是对应形象的女明星。但最近两年开始出现一些针对女性的护肤品用男星代言的现象，完全是运用受众对明星个人喜好的转移。例如，2020年10月，兼具演员、舞者、歌手多重身份的男星王一博签约了植村秀日系彩妆品牌，成为植村秀全球品牌代言人，并与航海王漫画联名，推出了植村秀×航海王 2020 圣诞联名系列，植村秀携手永远追求极致专业又充满热忱的王一博为女性受众揭开这段冒险旅程，如图2-17所示。

图 2-17

明星代言与用权威人物形象略有差别。明星代言不要求明星在具体行业中的专业度，但要求明星的个人形象风格和品牌风格的吻合度。佳能公司曾经让赵薇取代朱茵担任佳能打印机的形象代言人，但广告播出后引来许多非议，因为蹦蹦跳跳、出言无忌的小燕子形象不符合白领丽人的形象，后来佳能很快又将代言人换回了朱茵。而用权威人物则要求这个人物在某个行业中具有话语权，如专家的形象。

2. 展示品牌或产品的价值观

除了运用明星代言外，还可以通过营造使用产品或服务后带来的种种感性上的体验来说愿景，体现符合自己品牌精神和受众认同的价值观。

消费者行为学中有一项关于产品特定价值观的研究，研究对象为从事极限运动，如冲浪、滑雪、滑冰等的澳大利亚人，研究者发现，自由、归属、优秀和联系这4种主要的价值观驱使他们进行品牌选择。例如，一位女性冲浪者热爱"归属"这个价值观，她通过穿着流行品牌的冲浪服来表达这个价值观，即使这些主要的品牌已经不再是当地的主流品牌。相反，另一位冲浪者看重"联系"这一价值观，他选择当地品牌并且努力支持当地的冲浪运动，以表达他的价值观。

香水的广告文案常提出一个价值观，并营造出美好的愿景，也会融合明星代言一起运用。迪奥真我女士香水纯香香水广告大片由独具时尚眼光的导演 Romain Gavras 执导、迪奥真我香水系列代言人查理兹·塞隆(Charlize Theron)主演。这是一首赞美女性的颂歌，一个恢宏的全新时代，女性集结力量，愈发强大。代言人查理兹·塞隆完美诠释了当代女性的气质与力量，如图2-18所示。

图 2-18

查理兹·塞隆说："这次我们想传达的理念非常一致，那就是让非凡的女性气质与强大的女性力量真正完美结合。"

真我香水就是要表达女性化的感性、妩媚、自觉、能量，释放出女性内心深处的真实自我，勇于发表女性的自我宣言，诠释女人最真实的情感，超越物质，做回自己。只有那些为了追求更高层次的受众，才会去购买迪奥真我香水，体现她们的自我价值，更好地完善自己。

爱马仕大地男士香水的文案"用大地香水的男人，脚下是坚实的大地，发间是闪烁的星辰"则表现出一个理想的男性就应该拥有博大的胸怀，这也激发了受众类似形象的愿景。

值得注意的是，品牌某些方面的价值观是全球通用的，但某些价值观会因为文化而存在不一样的接受度。例如，日本人就特别重视"平静"这一价值，而西班牙重视"激情"，美国人则是"粗犷"。根据品牌的销售地域，也需要考虑提炼的文案是否符合当地人的价值观。

根据"文案信任感检验清单"——对照文案的信任感，如表 2-2 所示。

表 2-2　文案信任感检验清单

选　项	利用权威	反权威	利用数据	客户自证	项目名称	为客户示范	展望愿景
打　钩							

实际写作过程中应根据具体需求进行选择，一篇文案并不要求以上方法全部用到。那么，应该在什么情况下运用哪种方法呢？一般根据价格敏感度和商品实用度来选择，信任感使用矩阵，如图 2-19 所示。

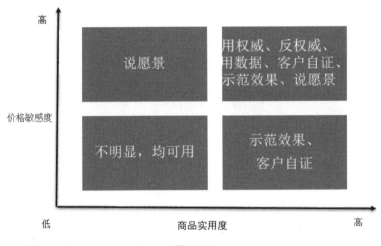

图 2-19

价格敏感度高、商品实用度低，一般可选用说愿景的方式，创造出一个商品使用后的美好愿景或以强有力的价值观来驱动新人，如名贵化妆品、香水等；价格敏感度高、商品实用度高的商品 6 个方式都适合运用，如手机、汽车等；价格敏感度低、商品实用度低的商品，没有特别明显的适用范围，可以根据具体情况来进行选择；价格敏感度低、商品实用度高的商品，用直接示范效果或客户自证的方式会更合适，因为商品实用度高，卖点会更为明显。

2.5 撰写紧跟时事热点的文案

本节导读　所谓"时事热点",即可以引起众人重点关注的中心事件或信息等,紧跟热点的文案可以增加点击量。值得注意的是,大部分人群都对热门事物感兴趣,因此热点一般都会吸引大多数人的眼球。

文案界不知何时有了一个标杆——杜蕾斯。一到节假日或者热点事件,总有不少人翘首以待标杆的文案创意。众多文案的爱好者甚至将#杜蕾斯的文案呢#一度推上新浪热搜榜。对于一般蹭热点的行为,大多网友持厌恶态度并斥之为营销号,而杜蕾斯文案究竟有何魔力和魅力,让人对它另眼相看呢?

1. 与节日捆绑,文案中传递品牌文化,展露出对用户的尊重

每到节日,杜蕾斯必出文案,在假日当天欣赏杜蕾斯文案成为不少网友的习惯。2018年杜蕾斯产生了不少优秀节日文案,以3月8日妇女节文案为例,是一张由拼音、英文、中文、红色背景元素构成的图片,相比于很多企业的节日图片,这张图片的元素显得过于单调,但就是这样一份文案,收获了用户的喝彩。在这张简单的图片背后,既表达出对女性的尊重,又不忘产品宣传,如图2-20所示。

一个品牌,一家企业,能否受人欢迎,除了自家产品质量外,企业文化也是重要的影响因素。杜蕾斯产品在宣传上很好地把握了"度",这个度让网友看到文案后不仅不会产生对杜蕾斯产品的尴尬心理、敏感性,反而给人一种受到尊重的满足感,这种心理上的满足往往对用户的影响更大。

2. 紧贴热点,巧用隐喻

2020年10月14日,苹果公司召开发布会,iPhone 12上市,杜蕾斯蹭了一拨热度,结合产品特色,文案脱颖而出,如图2-21所示。

杜蕾斯凭借文案走红后,成为不少企业文案模仿的对象,但大多企业的模仿最终无功而返。除了企业品牌发展阶段等因素不同外,大多品牌的文案只是单纯地学会了蹭热点这一行为,怎样将热点与自身产品元素紧密结合是值得深思的问题。

3. 巧借各种符号,通过嫁接、联想等手段做到为产品宣传所用

简单的数字或文字加上图片,是杜蕾斯文案的基本形式。但就是这样一个简单组合,会让网民自觉将文案、热点与杜蕾斯产品结合起来,杜蕾斯的产品形象与口碑就是这样建立起来的,图2-22所示为2020年万圣节当天杜蕾斯发布的微博。

图 2-20

图 2-21

图 2-22

4. 目标用户定位准确，贴合品牌的巧妙定位宣传

杜蕾斯的目标受众是年轻人，这类人群是微博的主要活跃用户，追求新鲜，易于接受新事物。杜蕾斯根据这一特性，品牌宣传也主要锁定在微博。在微博上，杜蕾斯官微运用拟人化方法，将自己打造成一个懂文艺、懂生活的"老司机"，拉近与用户的距离，与之产生互动，扩大自己的品牌宣传。

第 3 章 撰写与传播新媒体文案

本章主要介绍新媒体文案的组成部分、撰写新媒体文案的评论和如何在文案中布置关键词方面的知识与技巧,同时还讲解传播新媒体文案的特点与方法。通过本章的学习,读者可以掌握新媒体爆款文案与传播方面的知识,为深入学习新媒体文案知识奠定基础。

3.1 新媒体文案的组成部分

本节导读　一般而言，诱发网友阅读新媒体文案并持续阅读下去可分为看标题、看开头、读正文及做动作四个步骤，而新媒体文案又必须围绕互联网用户进行设计，因此，新媒体文案内容的设计包括标题、架构、开头及结尾四大部分。

传统媒体的受众处于被动接收状态，当你在看电视或读报纸时，只能选择看与不看，无法决定看什么内容。随着新媒体的发展，受众(网友)有了主动选择的权利，面对 App 推送的消息、微信朋友圈的文章、论坛的帖子等来自不同渠道的信息，网友可以自由选择，只看自己感兴趣的内容，接收活动已经由强制被动转变为自愿主动。

因此，与传统广告文案不同，无论企业的营销目的是提升品牌还是达成销售目标，新媒体文案都必须围绕互联网用户进行设计。

进行新媒体文案设计前需要先了解网友的浏览行为——启动计算机或打开手机后，每天会有大量的文章映入眼帘，你要学会站在网友的视角，思考他们会如何选择要看的文章。一般而言，诱发网友阅读新媒体文案并持续阅读下去分为四个步骤。

第一步，看标题。无论是翻阅微信朋友圈、查看微博热门话题榜，还是浏览新闻网站，最先看到的都是标题，而网友只会对与自己相关的标题感兴趣。譬如一个大学生，他感兴趣的会是"研究生考试技巧""求职资讯""实习经验"，而不是"育儿宝典""小学语文学习方法"等标题。

第二步，看开头。当发现感兴趣的标题后，网友会单击(对于手机用户，则为"点击"，下同)标题，进入正文。对于毫无吸引力的、与标题不符的开头，网友会直接关掉页面，停止浏览。

第三步，读正文。好的文案会吸引网友不断向下阅读，一段一段往下翻看，直到结尾。

第四步，做动作。读完文章后，网友会根据自己的主观感受，做出相应的动作。对于有用的文章如"PPT 实战技巧""互联网个人品牌攻略"等会收藏起来；对于好玩的文章如"狮子和老虎打架谁能赢"、最新的资讯如"下周机动车限号通知"等，会转发到朋友圈；被文章营造的氛围感染，则会点击链接并购买相关产品。

新媒体文案内容的设计，实际上也是围绕以上的网友浏览行为展开。为了在"看标题"这一步骤让网友感兴趣并点击进入，你需要设计富有吸引力的标题；为了避免网友关掉页面、降低跳出率，你需要设计开头与正文架构；为了引导网友阅读文章后点赞、转发或购买产品，你需要设计结尾。

因此，新媒体文案内容的设计包括标题、架构、开头及结尾四大部分。

3.1.1 新媒体文案标题的拟定

1. 文案标题的设计思路

新媒体浏览主动权已经转移到网友，普通网友面临大量信息推送，浏览时间有限，只能选择感兴趣的话题阅读，因此吸引人眼球的标题越来越重要。

同样的正文，采用不同的标题所达到的效果会相差十倍以上。自媒体人咪蒙曾分享："起标题，我要花上一个小时来反复修改，甚至推倒重来"。每一篇爆款新媒体文案，都需要对标题反复设计与优化。

新媒体文案标题的拟定，可以从吸引力、引导力、表达力3个维度思考。

（1）吸引力。线上看文章与线下逛商店类似，当你在商业街漫步时，你感兴趣的店铺通常是门头设计有趣、橱窗内的商品一目了然或门口迎宾态度亲切的。线上网友阅读也是这样，网友不会逢文便读，只会关注自己感兴趣的内容。因此，你的标题需要吸引眼球，当你的标题与其他作者的标题同时出现在微博或微信订阅号时，你要能够引起读者的关注。

（2）引导力。吸引注意力的标题能让网友感兴趣，但是感兴趣之后还要激发网友点击进入阅读。实际上，好的标题不只是吸引网友的注意力，还要能引导网友点击标题、浏览正文。

（3）表达力。大卫·奥格威曾表示，80%的读者只看广告标题、不看内文。实际上，这句话对新媒体文案标题依然适用。

好的标题，即使网友没有点击进入，也能快速感知到你要表达的信息。如通过肯德基的"9.9元疯狂星期四15根香辣翅尖！双11狂欢嗨抢！"这一标题，你可以得到以下4点信息：肯德基香辣翅尖只要9.9元、在星期四购买、翅尖有15根、这是双11特惠活动。

需要注意的是，新媒体文案标题要与内容相呼应，不能过于"标题党"，断章取义、涉黄涉赌、歪曲事实甚至制造虚假新闻，否则会严重伤害品牌形象，甚至会触及法律红线。

2. 文案标题的拟定方法

常见的新媒体文案标题拟定方法如下。

1）数字化

数字化标题，即将正文的重要数据或本篇文章的思路架构，整合到标题。数字化标题，一方面可以利用吸引眼球的数据引起读者注意；另一方面可以有效提升阅读标题的效率。

举例：

双 11 限时爆款 19 元 2 件！

精选 0.3% 的好书，译文社 "20 年 20 书" 评选结果终于揭晓

凑单专用，100 款神仙耳机壳，挑到手软！

2） 人物化

互联网世界信任先行。据统计，绝大多数网友会首先考虑来自好友推荐的产品；其次是专业人士；最后是陌生人。换言之，如果身边没有朋友买过某产品或看过某文章，网友会出于对于专业人士及名人的信赖，而信赖他们的观点或推荐。

因此，如果你的正文中涉及专业人士或名人的观点，那么可以将其姓名直接拟入标题。

举例：

林青霞、许晴、倪妮争相出演，这位导演的戏究竟有什么魅力？

日本杂货教父小林和人，是如何精选好物的？

3） 历程化

真实的案例比生硬的说教更受人欢迎。在标题中加入"历程""经验""复盘""我是怎样做到"等字眼，可以引起网友对于真实案例的兴趣。

举例：

秋冬防"贴秋膘"瘦身指南，我是如何用三个月瘦到两位数的？

一夜巨亏 50 万，资深"鞋贩"口述互联网炒鞋江湖

从濒临破产到登上《时代》封面，7 个亚洲男人的美国逆袭路

4） 体验化

体验化语言能够将读者迅速拉入内容营造的场景，便于后续的阅读与转化。

每个人所处的环境不同，看文章的心情也不同。但是为了引导读者的情感，需要为读者营造场景，你可以在标题中加入体验化语言，包括"激动""难受""兴奋""不爽"等情感类关键词及"我看过了""读了 N 遍""强烈推荐"等行为类关键词。

举例：

为了 10cm 层高，差点跟我妈打起来

这些惊天地泣鬼神的爱情，给爷笑傻了！

疯狂心动！梦中男友又多了两个！

5） 恐惧化

读者会关注与自己相关的话题，尤其是可能触及自身利益的话题。如果正文内容关于读者健康、财物等，可以尝试设计恐惧化标题，从而激发网友猎奇心理，同时使

其产生危机感。

举例：

姑娘，这些东西含雌激素，可别瞎吃、瞎用！

这 3 种体态问题超毁气质，好多人都中了其中之一

6) 稀缺化

超市某商品挂出"即将售罄"的牌子后，通常会引来一拨哄抢。"双 11"电商平台销量逐年上涨，也是由于平台商家约定"当日价格全年最低"。

对于稀缺的商品或内容，网友普遍容易更快做出决策，点击浏览或直接购买。因此，新媒体文案标题也可以提示时间有限或数量紧缺，促进阅读正文。

举例：

快！双 11 的末班车，快来薅羊毛！

最后一天！买就送、折上折！这一拨双 11 购物车照抄就对了！

不开玩笑，今年最实惠的囤肉时间，就这 24 小时

7) 热点化

体育赛事、节假日、热播影视剧、热销书籍等，都会在一段时间内成为讨论热点，登上各大媒体平台热搜榜。文章内容可以与热点相关联，标题可以拟入热点关键词，增加点击量。

举例：

王霏霏没骗我！每次 5 毛，真能清掉脸上小疙瘩！

张雨绮化妆师给我化妆，他现场爆哭？？？

解析张子枫日系穿搭，逛优衣库搭配同款风格

8) 神秘化

脑白金上市之初曾在媒体投放《两颗生物原子弹》《人类可以"长生不老"吗?》等文章，引起关注健康的读者兴趣，为日后的品牌推广打下良好的概念基础。实际上，新媒体文案也可以制造神秘，吸引网友眼球。

人类对于未知事物通常有猎奇心理——越是神秘，越想探一下究竟。神秘化标题的拟定有两种方式。

第一，拟入"机密""内幕""奥秘""小秘密"等词语，字面表达神秘。

第二，设计与品牌日常文案有反差的标题，语义传达神秘。

举例：

张韶涵曝光女明星保养秘籍，2 星期脸能变小！(字面表达神秘)

小小阿胶背后一座城，探秘山东东阿(字面表达神秘)

肉桂变香薰！塑料球成"艺术品"！把卧室改造成"时尚买手店"，竟然只需要……？(语义传达神秘)

9) 模拟化

手机、平板电脑等移动设备会收到消息推送，包括版本更新提示、红包提醒、聊天消息提示等。基于移动端的新媒体文案，可以在标题仿照推送文字，博人眼球。不过需要注意，模拟化标题不能高频使用。偶尔采用模拟化标题可以增加幽默成分，让读者会心一笑，但经常使用，会引起读者的反感，甚至影响品牌形象。

举例：

【有人@你】圣诞老人来送礼，就问你要不要？

【微信红包】恭喜发财，大吉大利！领取周末门票吧！

3.1.2 新媒体文案正文的构成

新媒体文案新手常会纠结于文采，认为自己没什么文采、写不好文章。但实际上，新媒体文案对于文采的要求并不高，因为文章是写给老百姓看的，把话写明白、让网友看懂即可。新媒体文案重要的不是文采，而是思路——你需要有清晰的段落架构和思路，通过思路阐述你的观点。

新媒体文案新手，可以尝试以下 5 种常见的段落架构。

1. 瀑布式架构

瀑布式架构分为瀑布式故事架构与瀑布式观点架构。

(1) 瀑布式故事架构。先点明故事核心要素，接着按照顺序把故事的起因、经过、结果等环节分别讲明白。

(2) 瀑布式观点架构。先提出观点，指出某观点"是什么"，接下来分析"为什么"和"怎么办"，逐层推进，说明问题，如表 3-1 所示。

表 3-1 瀑布式故事架构及瀑布式观点架构

瀑布式故事架构	瀑布式观点架构
核心要素	核心观点
故事背景	观点阐述
故事起因	观点分析
详细经过	观点解决
故事结果	观点引申

瀑布式架构可以采用数字化、体验化或历程化标题突出观点。

2. 水泵式架构

水泵式架构与瀑布式架构刚好相反——自下而上，先剖析观点或讲故事，最后提炼出文案核心。与瀑布式架构类似，水泵式架构也分为故事、观点两大类别，如表 3-2 所示。

表 3-2 水泵式故事架构及水泵式观点架构

水泵式故事架构	水泵式观点架构
故事背景	观点阐述
故事起因	观点分析
重点经过	观点解决
故事结果	观点引申
结果升华	观点提炼

3. 沙漏式架构

沙漏由沙子从玻璃球上面穿过狭窄的管道流入底部玻璃球，来对时间进行测量。而沙漏式架构指的是文章首尾呼应，开头提出核心观点，结尾再次强调或升华观点，如图 3-1 所示。

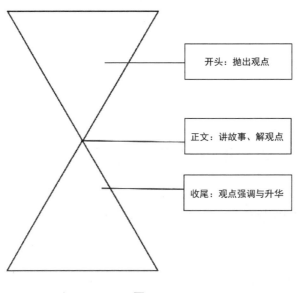

图 3-1

沙漏式架构可以采用体验化或历程化标题突出观点。

4. 盘点式架构

盘点式架构大多是由作者拟定小标题(盘点对象)并整合而成的，省去网友"找素材、做总结"的步骤，帮网友节省时间。因此，盘点类文章是最受网友欢迎的写作架构之一，如表 3-3 所示。

表 3-3　盘点式架构

开头
小标题 1
内容
小标题 2
内容
小标题 3
内容
⋮
结尾

盘点类文章可以对产品进行盘点，可以对模式进行盘点，也可以对行为进行盘点。盘点类文章建议采用数字化标题，如《2020 年度大事件盘点》《盘点 8 种 PPT 辅助软件》等。

5. 并列式架构

并列式架构由 3 个以上相互无联系的部分组成，独立性强，从不同的角度对问题进行描述。

3.1.3　新媒体文案开头的写法

新媒体文案开头具有承上启下的作用。一方面，开头要与标题相呼应，否则会给读者"文不对题"的印象；另一方面，开头需要引导读者阅读后文，好的开头是成功的一半。

开头通常需要具有引发好奇、引入场景两个特点。

引发好奇，即利用图片、文字等内容吊足读者的胃口，使读者产生继续阅读的兴趣。当读者点击标题进入文章后，如果开头索然无味，读者会直接关闭页面。所以，开头写不好，会浪费精心设计的标题。

不同的文案有不同的场景设计，因此需要在开头就把读者引入场景。通过故事、提问等方式，让读者了解本文要表达的情感、环境、背景。

新媒体文案的开头有 5 种设计方式。

1. 故事型

没人爱听大道理,最好讲个小故事。从读者的角度来看,读故事是最没有阅读压力的。故事型开头直接把与正文内容最相关的要素融入故事,让读者有兴趣读下去。

案例:

标题:想勾搭男神女神,先学会讲一个好故事

开头:

张小姐上周末从一场相亲联谊会回来以后,心情糟透了。

不是因为联谊会上的男士猥琐不堪,而是出现的那位白马王子被另一个王小姐给截和了。

同事:难道那姑娘是志玲姐姐吗?

张小姐:不,王小姐是位护士,她介绍完自己,男神就跟她跑了。

2. 图片型

正文以一张图片开始,可以吸引网友眼球并增加文章的表现力。

使用一张好的图片,可以极大地增加读者目光的停留时间,并提升读者的阅读欲望。图片的存在给了文案更好的表现形式,如图3-2所示。

图 3-2

3. 简洁型

如果你的标题已经写得很明白,那么开头可以一笔带过,一句话点题即可。

案例 1：
标题：中国哪所大学校区是 5A 级景区？
开头：广西师范大学王城校区是 5A 级景区。

案例 2：
标题：我今晚在斗鱼直播，你约吗？
开头：晚上 9 点，我又要进行斗鱼真人直播了！

4. 思考型

思考型文案的开头，通常会以问句的形式出现。通过向读者提问，引导读者带着问题阅读后文。

案例：
标题：为什么只有 5%的人可以用个人品牌赚钱？
开头：
网红时代，究竟什么样的草根适合在网上打造个人品牌？
没有基础的人利用工作之余在网上赚钱，需要哪些特质？
都在谈"互联网+"，企业网络营销的方法能否被个人所用？
有人说"成功的方法有很多，而失败的原因却很相似"。最近勾老师和一些曾经信誓旦旦打算做个人品牌的同学进行了深度沟通，发现导致大家无法进行下去的原因，总结起来无非是以下 5 个。

5. 金句型

发人深思、一针见血的句子，称为"金句"。在文章开头放入金句，可以直击人心，最能抓住人。

案例：
标题：你迷茫个鬼啊，还不如去学 PPT
开头：
年轻人经常把一个词挂在嘴边：迷茫。
我不喜欢自己的专业，我好迷茫啊！
我不是名校背景，我好迷茫啊！
没有迷茫过的青春不是正常现象，唯有通过迷茫的挣扎才能找到真实的自我。
问题是有些同学以迷茫为借口，拒绝回到现实。
我的建议：这个时候不妨去学点什么。
学点东西，心里就踏实一点，就像是在攒钱似的。万一哪天真的被命运踢到深渊里，谁一定会救你？不知道，只有脑子里的知识，也许可以让你编成绳索带你脱身。

3.1.4 新媒体文案结尾的写法

让网友读完一篇文章，往往并不是新媒体文案的目标，真正的目标是通过文案激发网友做出我们期待的行为。

有的人看完文章会大呼"写得太有才了",点赞并转发到朋友圈;有的人会喜欢文章描述的产品,长按末尾的二维码并下单购买;有的人会把自己此时的感受或想法留言在评论区;当然,还有的人会抱怨"看了半天原来是个广告啊",生气地关掉了页面……

之所以会出现以上行为,主要原因是文案结尾设置了引导。

新媒体文案都有其营销目的,要么需要为品牌服务,提升企业的知名度与美誉度;要么需要为销售服务,推广产品、提升销量。因此,需要对文案结尾进行优化,鼓励读者做出相应的动作。

不过需要注意的是,你必须对各平台的规则有所了解,部分新媒体平台是严禁诱导转发行为的。例如,微信公众平台,当出现"请好心人转发一下""转疯了""必转""转到你的朋友圈"等字眼后,一经发现,短期封禁相关开放平台账号或应用的分享接口,对于情节恶劣的将永久封禁账号,得不偿失。

新媒体的文案结尾,可以从以下 4 个角度进行设计。

1. 场景

结尾融入场景,更容易打动人心。在结尾设计场景,最重要的就是截取合适的场景——最好是读者生活中的画面。育儿的文案,可以描述妈妈和孩子在一起的场景;办公软件的文案,可以描述职场小白加班制作 PPT 的场景等。

案例:

以上 PPT 技巧,千万不要只是看过而不去练习;否则,原本 3 个快捷键就能解决的事,你却需要加班去完成。半夜一两点,大家都在呼呼大睡,而你却一个人在空荡荡的办公室做 PPT,何必呢?

2. 金句

转发率高的文章,通常会在结尾埋下金句,画龙点睛。由于金句可以帮助读者悟出文章核心,并引起读者共鸣,因而结尾带有金句的文章,读者转发的可能性会更高。常用的金句分为名人名言、原创经验两种。

案例 1:名人名言金句结尾

居里夫人说过:"在捷径道路上得到的东西绝不会惊人。当你在经验和诀窍中碰得头破血流的时候,你就会知道:在成名的道路上,流的不是汗水而是鲜血;他们的名字不是用笔而是用生命写成的。"

案例 2:原创经验金句结尾

每一个让你感觉到舒服的选择,都不会让你的人生获得太大的成长。而每一个让你感觉不舒服的选择,也并不一定让你获得大家所谓的幸福,却会让你有机会开启与众不同的体验,寻觅到更多的可能性。

从一个"PPT 制作者"成为一个"PPT 设计者",难吗?不轻松。但正在学习阶段的你,连个 PPT 都征服不了,谈什么征服世界?

做你没做过的事,叫成长。

做你不愿做的事,叫改变。

做你不敢做的事,叫突破。

做你不相信的事,叫逆袭。

3. 提问

在结尾进行提问,一方面提问力度比正面陈述大,可以带着读者思考;另一方面可以在末尾提问后发起互动,提升读者参与感。

案例:

来,今天的留言区说说你过去做了或者经历了哪些事,让你不再那么玻璃心?

4. 神转折

神转折结尾,即用无厘头的逻辑思维,把两个八竿子打不着的事联系起来,结尾的三言两语将前文中营造的氛围破坏得一干二净。由于神转折有一种强烈的反差感,读者读起来有趣,自然也利于网络传播。

案例:

正文概要:女主角手机通讯录存着已故前男友的号码,老公知道却装作不知道。有一次女主角出了车祸,在翻倒的车里她下意识地拨出了那个号码,但话筒里却传来老公的声音。老公告诉她:"是我替换了号码,我知道我无法取代他,但我可以替他来保护你。"

文章结尾:不到 5 分钟,老公赶来,开着挖掘机把压在女主角上方的汽车挪开,女主角获救了。老公是××挖掘机培训学校 2017 年毕业的学生,这个学校今年的招生计划是……

3.2 撰写新媒体文案的评论

本节导读 一篇好的新媒体文案,除了吸引读者点击与阅读之外,还会制造参与感,吸引读者撰写评论或者为他人的评论点赞。单纯的新媒体文案内容仅仅是新媒体编辑输出的观点,作为读者只能被动接受,而评论的存在是给阅读者一个发声的渠道。一些平淡的文章反而会因为几条有才的评论而被转发。

常见的评论玩法如下。

1. 正文补充

文章里遗漏的内容或需要增加的资料，可以用个人号在留言区进行补充。

2. 趣味互动

通常在留言区域，作者会认真回复读者的问题或者评论；但是你可以反其道而行之，不去一本正经地回复，而是有趣味地与读者互动。有趣的互动会让读者会心一笑，如图 3-3 和图 3-4 所示。

图 3-3　　　　　　　　　　　图 3-4

3. 留言引导

一篇文章会有多个观点，而读者的直观感觉会停留在结尾处的观点。为了引导读者在某一话题上有针对性地留言，可以在结尾增加"说说你对×的看法"或"关于××，不妨在留言区聊聊"，进行留言引导。

4. 点赞投票

评论区域的点赞功能可以作为投票工具。一方面，可以作为活动发起"留言点赞数前三名将获得定制奖品"的投票；另一方面，可以作为问卷发起"大家可以尽情提问，点赞数前三名的问题下次文章我们会专门解答"的投票。

5. 正文画像

正文中举例时，可以专门提到某人，或为某类用户画像，当事人(或这一类人)阅读后更有专属感，会在文章下方用心撰写。

3.3 在文案中布置关键词

本节导读　网友阅读新媒体文案主要通过以下两种方式：第一，通过接收，包括在朋友圈刷到文章、收到微信公众号推送、收到微博粉丝群发等；第二，通过搜索，主动查找需要的信息。关键词策划分为关键词罗列、关键词选择、关键词布局三大步骤。

1. 关键词罗列

把能想到的、与业务相关的关键词都列出来。假如你的公司是做英语培训的，那么罗列出的关键词包括"英语培训""英语学习""英语教育""外语培训""北京英语培训""英语培训哪家好"等。

在这一步，需要新媒体部门运用头脑风暴法，罗列出至少 20～50 个关键词。

2. 关键词选择

你可以借助"百度指数"与"微指数"了解关键词质量。指数太低意味着搜索该词的人并不多，可以酌情剔除。

利用数据敲定品牌关键词，从上述 20～50 个关键词中甄选出 5～10 个核心关键词，保存到关键词库。

3. 关键词布局

上面(第二步)选出的核心关键词，需要布局在标题、摘要、正文中。不过需要注意，关键词布局需要没有违和感，不能过于刻意。

以英语培训公司为例，如图 3-5 所示。

当某文章的标题是"99%的人，都败给了这一个字"时，仅关注该公司公众号的粉丝可以看到，网友搜索不到，因为标题内没有任何与业务相关的关键词。

相反，上述标题如果增加几个字，改为"99%的英语学习者，都败给了这一个字"后，本文可以被网友在微信搜索"英语学习"时找到。

新媒体文案编辑在进行内容设计时，需要随时关注企业营销目标，通过吸引眼球的标题与详细的关键词布局综合提升阅读量，并利用具有可读性的正文与精心设计的结尾提高转化率。

图 3-5

3.4 传播新媒体文案的特点与方法

本节导读　随着时代的发展变迁，新媒体环境下，如脑白金广告那样简单重复的暴力传播已经很难再获得销量了，因为媒体环境已经发生了翻天覆地的变化。新媒体文案的传播渠道从"播"转为"传"。

3.4.1 文案传播渠道发生变化

原本传统大众传播的基本职能是传播信息，进而发挥环境监测与社会守望的作用，但传媒在发挥基本职能时，随着对其传播规律的研究和开发，人们不断在大众传播的过程中附加其他各种功能。最典型的有"意识形态劝服""商业劝服"以及"新闻寻租"(新闻被当作一种商业手段出租出去，商家可通过新闻的形式来做自己的商业广告)。大众传播附加的"意识形态劝服"普遍存在于世界范围内。

随着社交媒体的兴起，人们的话语权获得了释放。从之前的博客、人人网、开心网到现在的微博、微信都已经具备了自媒体的双重属性,既能发表信息,又能充分讨论。在传播的形式上,传播者和受众的关系趋于平等。现在"人"在"强关系"中发挥着重要的影响,意见交换开始更多地发生在具有相同或相似价值观的朋友、同学、共同兴趣爱好者等圈子当中。因为传播模式发生了变化,这开始对传统型媒体产生了颠覆性的影响,人们开始内容"自生产""自传播""自消费",形成系统的信息传播生成系统,甚至引导了媒体的选题。

这样传播渠道和环境的极大变化,就决定了一则广告的传播不能仅仅靠"播",而主要靠人"传"的功能。一个好广告,会更容易被对应的受众主动转发传播。新媒体的出现让人在传播中变得更加重要了,传播已经是以人为主的"传",而不是靠被动的"播"了。

《新闻记者》中曾经给出两幅图来说明渠道的变化,如图 3-6 和图 3-7 所示,传统的渠道传播中作为受众,处于被动接受的情况下,大众传播承担着两个主要的职能,即政治宣传功能及商业宣传功能。

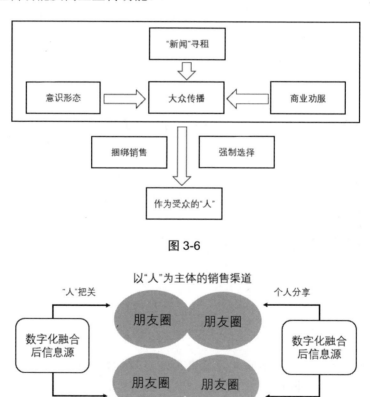

图 3-6

图 3-7

政治宣传功能主要是政府的发声宣传，如中央电视台、地方电视台、《人民日报》等，然后在这个基础上，加载了商业宣传的功能，如商业广告，做了很大一部分的商业劝服工作，这两个内容是捆绑着传播给受众的，受众没有更多选择的权利。

美国营销专家斯科特在《新规则：用社会化媒体做营销和公关》中指出："在互联网出现以前，公司只有两种吸引人们注意的方法：花大价钱做广告或借助第三方在媒体上做宣传。但网络的出现改变了这条规则。网络不是电视。真正懂得新的营销和公关规则的公司会直接与你我这样的客户建立关系。"这也是因为新媒体的出现，人在传播中变得更加重要了，传播已经是以人为主的"传"，而不是靠被动的"播"了。

3.4.2 新媒体文案的特点

一方面，渠道的传播从以"播"为主转变为以"传"为主；另一方面，受众的时间碎片化、注意力稀缺，都对新媒体文案人员的文案创意提出了更高的要求，以使得文案更适合在新媒体环境下传播。

另外，我们发现即使不是从事新媒体文案相关工作，传播这个能力也正在变成职场的基本技能。多年研究得出的结论认为，对于几乎任何工作而言，企业主寻求的第一项重要技能就是口头传播能力。由美国全国大学和雇主协会(National Association of Colleges and Employers)所做的一项调查指出，企业主从大学毕业生汇总寻求的前十项个人素质和技能，第一项技能就是传播，其中包括讲话技能和写作技能。

为什么传播这么重要？传播学科的创始人威尔伯·施拉姆就曾经说过："传播没有只属于它自己的土地，传播是基本的社会过程。"要了解人为什么主动传播，需要先了解传播最基本的功能。传播学中指出，传播有满足社会需求、发展和探索自我、交流信息、影响别人这4个基本的功能。

新媒体文案则在此基础上做进一步探索：在新媒体环境下，怎样的文案更容易被受众主动传播？怎样的文案才能够引起大范围的广泛传播？大量广泛传播的文案有3个特点，即符号化、社交币、附着力。

1. 符号化：让文案自带传播属性

符号化，即借用语言符号、视觉符号、味觉符号等，让受众更好地记忆。符号化让品牌或产品天生具有被传播的基因，更适合被口耳相传，里面包含品牌名字、广告语、标志设计、产品包装设计甚至产品服务体验等相关的符号化。

2. 社交币：让文案被受众主动传播

人们有很强烈的意愿去主动与他人分享与自身相关的信息、相关商品的口碑等，被他们分享的内容都属于社交货币。社交货币主要用来树立自我形象，文案具有社交币功能则更容易被受众主动分享传播。

3. 附着力：让文案被更好地记住并产生持久影响

附着力就像胶水，可以将信息粘到受众的脑海里。它可以使创意与观点能够让人听懂，能被人记住，并形成持久的影响。

另外，文案本身具有以上特点后，要使传播的威力发挥到最大，还需关注传播中的关键人物以及环境的影响。

3.4.3 运用熟悉符号编写文案

人为什么喜欢看到熟悉或已知的符号呢？

从进化心理学的角度来说，人出于生存本能，对于陌生的事物会心存恐惧，如原始部落进来了一个新人，一定要经过隔离查看，熟悉后才能加入部落。这也是人出于生存本能的考虑，熟悉已知的事物对于我们来说，就意味着安全。

运用已知或熟悉的符号能够将已知符号所携带的相关文化价值绑定到品牌上，不仅有利于传播，更会让受众有熟悉感。受众看到或听到品牌就知道品牌是做什么的，如一看相关符号就知道品牌名字，感受到品牌的风格，以及知道这个品牌是做什么行业的。

那么，已知符号有哪些呢？哪些符号让人一看就懂？以下将从品牌命名、品牌形象方面分别论述。

1. 品牌命名用已知符号让人一听就懂

这里主要分为具象化事物、人格化形象、符合行业特性的通用词汇，以上3种方法的结合运用同样也能达到已知符号的熟悉感。

1) 具象化事物

日常生活中一些具体的事物，形象具体能够引起受众的对应联想，如苹果、锤子、小米、天猫、蘑菇街、小天鹅、飞鸽、大白兔等。其中，"锤子"不仅能够让人一听就懂是什么，也能够感受到这个品牌所倡导的工匠精神。锤子是工匠常用的工具，也是工匠的一个符号，并且在形象设计上用锤子的形象可直接使品牌名字和形象成为一个超级符号。

运用具象化事物命名，不仅可以在品牌形象上更好地延展，还能够传达出品牌价值信息、品牌风格。如"大白兔"作为一个零食品牌的形象出现，也能够让人联想到大白兔这一活泼可爱的形象，品牌活泼可爱的调性也能够立即让受众感知到。

2) 人格化形象

运用人格化形象命名让品牌名字也好记忆，并且可以让人直接感受到这个人物名字所携带的一系列联想，如老干妈辣酱、张小泉剪刀、马应龙、香奈儿、迪奥……或虚拟人物太阳神、孔乙己、口水娃等。其中，"老干妈"会让人联想到一个中年的阿妈,亲切、淳朴。张小泉这个品牌名字就像你认识的一个朋友一样,也会让人感觉到莫名的亲切感。

品牌就像是一个人,具有自己的个性、风格,在新媒体运用中,即便不是运用人格化形象来命名,也会通过各种文案形象来传达品牌人格化的一面,如通过微信公众号塑造一个拟人化的客服形象。

3) 符合行业特性的通用词汇

借用具有行业特性的词汇来表现行业特性。物流行业做得比较明显,强调道路通达、强调速度,于是就有了用"通"字的,如圆通、申通、中通、汇通;用"达"字的,如韵达、风达;强调速度的,如速尔优速、顺丰("顺丰"借用了"顺风"的谐音,一般来说不建议用谐音。例如,"罗辑思维"就一直很后悔没有用"逻辑思维",站在传播的角度来说,是不太利于传播的,至少在转述给不知道的人时,还需要特别强调一下,"罗辑思维"的"罗"是没有走之底的那个罗,因为平时我们常用的是逻辑这个词组,用谐音看起来很有才气,但实际增加了传播的门槛和难度)。

4) 几种方法的结合运用

具象化事物、人格化形象、符合行业特性的常用词汇可以相互结合,同样能够做到已知符号的效果。

具象化事物+行业特性:"三只松鼠"这个品牌名是做坚果的品牌,松鼠是一个具象化的事物,而行业特性用的则是具象化事物和行业特性的关联,松鼠是吃坚果的,因此这样一个品牌名字不仅好记忆,还能使人一听就了解到这个品牌大概是做什么行业的,并且这个名字也能够让人马上感受到品牌活泼的风格;"一朵棉花"是销售纯棉用品的品牌,棉花是纯棉布艺的行业特性专属词汇,又是具象化的事物,并且棉花也同样携带了天然、淳朴的相关记忆联想,能够传达出品牌的价值和风格,加上数量词会让棉花的这一形象更加具体好记忆。

人格化形象+行业特性:如"谭木匠"这个品牌名字一听就知道是木制品行业的品牌,木匠是术语行业通用词汇,背后携带有"传统""手工"这一印象,加上一个"谭"姓让这个木匠的形象变得更具体了;"米老头"这样一个米制品零食品牌也是同样的道理。

2. 品牌形象运用已知符号让人一看就懂

品牌形象捆绑的是人的视觉记忆,在品牌形象的设计上运用已知符号,更容易使人达到一看就懂的目的。一般品牌形象设计应符合行业特性,让人一看就懂这个品牌是什么行业的。

1) 商标设计运用已知符号

每个行业都有不同的符号,运用具有行业属性的符号可以让人一眼就知道你是做什么的。例如,餐饮业多为刀、叉、碗、盘、厨师帽等;医药行业多为胶囊、烧瓶、针剂等;银行金融业多为铜钱、聚宝盆、金元宝等。

图 3-8 所示为实验室的商标设计(Logo)，运用烧瓶的符号来表现行业特性，并且还需要注意的是，Logo 在这里除了表现行业特性外，还特别强调品牌名字自身的设计，图形与文字还需保持一致；否则容易导致 Logo 和名字的记忆分离，不利于品牌传播。

图 3-8

乐事薯片的 Logo 用一个已知符号土豆来说明行业特性，整体设计通过土豆的符号重点强调了"乐事"这个品牌名字，如图 3-9 所示。

图 3-9

有很多品牌做商标设计会自己创造一个图形设计，然后再花费很多文案去解释这个图形的寓意，其实完全没有必要，对于品牌来说，这样的设计不仅无效，还浪费了有限的广告位，而对于受众来说，会增加记忆负担。

可口可乐这一百多年来的变化，一直都是以字体为主，如图 3-10 所示，我们甚至可以看到，元素越来越少，品牌名字越来越被强化，这也是在尽量少给消费者带来记忆负担。并且可口可乐的字体发展到后阶段一直不曾变动，字体也将随着时间的沉淀逐渐演化成可口可乐自身的特有符号。

图 3-10

2) 包装及广告形象运用已知符号

包装设计运用已知符号让产品更容易被识别。不仅商标设计运用已知符号可强调品牌名称及自身行业特性,在包装设计上也同样可以运用已知符号,以加深消费者对品牌及商品的印象。

厨邦酱油运用大家熟悉的绿格子餐布来做自己的产品包装形象,这个运用有什么好处呢?首先是好传播、好指示。当一个家庭主妇要让老公去购买酱油的时候,就可以直接说:"买那个绿格子的酱油";其次就是更为明显的识别度。现在酱油的瓶子设计大同小异,一旦这个酱油占领了一小排商场陈列位的时候,远远地看去就是一排绿格子,比较醒目,能够让人一眼就认出它来。

广告形象运用已知符号可以更好地传达产品卖点。如图 3-11 所示的广告形象,用一个番茄的符号来传达产品的卖点。

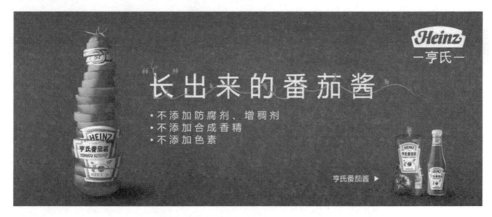

图 3-11

产品广告形象，通过运用已知符号能够更好地传达卖点。亨氏番茄酱广告，运用了番茄的符号和产品包装创意来表现"新鲜的番茄酱，犹如长出来的番茄酱"。

运用已知符号，归根结底就是要让受众更好地记忆，无论是品牌命名、广告语，还是品牌的商标设计、包装设计，都不能增加受众的记忆负担，不要凭空生造形象、生造词，否则会增加传播的难度。

3.4.4 写出口语化的文案

有了品牌名称、品牌形象，还需要一句强有力的品牌话语——广告语。

广告语，又称广告标语、广告口号、广告主题句，是指商品的经营者或服务提供者，通过一定的媒介和形式直接或间接地向公众介绍自己所推销的商品或所提供服务的特定宣传用语。

广告语是广告案的精华，从某种意义上来说，就像企业的商标一样是企业整合品牌传播中的一个重要标志。广告语也是企业视觉、听觉识别的"文字标识"，代表企业品牌形象，也是其核心价值之一。

曾有广告人这样说："广告语之于广告就好比是画龙点睛、编筐收口的那重要一环。"它是镶嵌在广告这件艺术品上的美丽装饰，也是品牌的眼睛。一个品牌拥有一条出色的广告语，就如同年轻的姑娘佩戴一条精美的珍珠项链一样光彩照人。

有很多知名品牌的成功就是通过一条深入人心的广告语打进市场，从而占领市场，赢得消费者的熟悉和喜爱，如大家耳熟能详的广告文案"一切皆有可能"。

新媒体环境下，怎样的广告语才更容易被传播呢？包括品牌话语应简洁有力和口语化、具有行动力和号召力两个标准。

1. 品牌话语简洁有力和口语化

品牌在人群中"口耳相传"，归根到底是一种语言现象，是一句让人去说的话，即口语，而不是一句写出来让人朗读的书面语。当这句口语化的广告语简洁有力的时候，员工、顾客才更容易把这句话说给他的朋友、他周围的人听，才能真正发挥出广告语的力量。

口语化借用消费者熟悉的、亲切的词语和表达方式，更容易被接受。大多数经典的、流行的广告语都是口语化的。大众甲壳虫汽车的广告语"想想还是小的好"，不仅口语化，而且简洁有力。当时美国汽车市场是大型车的天下，大众的甲壳虫刚进入美国时根本就没有市场，伯恩巴克再次拯救了大众的甲壳虫，提出"think small"（想想，还是小的好）的主张，运用广告的力量改变了美国人的观念，使美国人认识到小型车的优点。从此，大众的小型汽车就稳稳位居美国汽车市场前端，直到日本汽车进入美国市场。

国内也有很多类似的广告语，如"农夫山泉有点甜"让农夫山泉在诸多的矿泉水竞争中突出了自己的水质；"不是所有的牛奶都叫特仑苏"也是一句口语化的大俗话，用来突出产品的与众不同；美团外卖的广告语"美团外卖，送啥都快"不仅口语化，还非常简洁。

口语化能够让人脱口而出，符合生活中的语言沟通习惯。口语化意味着通俗易懂，但也应避免过于俗气。有些企业只追求娱乐和感官刺激，走入了低级趣味的误区，没有把握好语言的格调，会让广告语显得庸俗。

2. 品牌话语有行动力和号召力

好的品牌话语不仅简洁、口语化，还应具有行动力和号召力。尝试在广告语中加入动词，更容易达到行动力和号召力的目的。

奥巴马和希拉里竞选美国总统时，奥巴马的口号是"CHANGE"(改变)，这个词语本身就包含了行动力、号召力。而希拉里的口号是"EXPERINCE"(经验)，意为自己比奥巴马更有经验，但这与受众的关联度不高，不容易被关注到，"经验"这个词不仅没有行动力和号召力，并且还给竞争对手奥巴马做了个广告。虽然成功当选会有很多因素，但是口号及背后代表的观点威力非常大。

品牌话语也是一样，广告语、活动主题等一旦拥有了行动力和号召力，受众更容易行动起来。

当然，需要注意的是，品牌话语即使做到了简洁、口语化、具有号召力，也需要关注一个重点：是否传达了企业本身的核心价值，是否表现了企业品牌的最大卖点，这是品牌话语的根本，简洁、口语化、号召力只是在这个基础上作进一步优化。

3.4.5 将文案融入品牌价值

"不在乎天长地久，只在乎曾经拥有"，这个广告语相信大部分人都耳熟能详，但是你知道是哪个品牌推出的吗？如果广告语无法让人记住出自哪个品牌，对于企业来说相当于浪费了一个优质的广告位资源。相反，一旦广告语融入品牌价值或品牌名称，并且符合上述简单、有力、口语化、有号召力的标准，品牌的传播会更高效。

如果品牌名无法体现品牌价值，则应尽可能在广告语中弥补，如将品牌名融入广告语，就可以做到人们在传播时也把品牌名传播了一次。例如"人头马一开，好事自然来"。人头马的品牌名融入广告语中，让人在传播过程中不自觉地将品牌名传播了一次。

然而有些处于供应链上方的大型企业或行业协会则可无须消费者记住自己。"钻石恒久远，一颗永流传"，这句广告语大部人都耳熟能详，但未必知道是哪个企业推出的。实际上消费者知不知道是谁的广告语对于这个做广告的企业来说都没有关系，因为这是一家钻石供应商，全球几乎一半以上的钻石都来自这个钻石供应商，即使你不知道这个品牌，你只要知道钻石这么有意义，值得你购买就达到目的了。

另外，类似行业协会推出的广告语也不需特别强调是哪个品牌推出的，如出自国际铂金协会的"购买铂金饰品，请认准 Pt 标志"，消费者只需了解广告语传达的观念即可。

对于大部分品牌来说，品牌能够融入广告语是传播品牌的好方法，如果做出来的广告语流传很广却不知道是谁的品牌广告，这对于品牌来说是无效的广告文案。

广告语代表着品牌的核心价值，不能只依靠广告语来宣传品牌，更应该体现在品牌的各种营销活动中，如宇通客车的广告语"耐用是金"强调自己的客车比其他的客车用得更久、更好。真正传达这个价值的不只存在于广告语中，而会在各种营销活动中围绕着"耐用"开展一系列有说服力的整合营销推广，包括选出购买了二三十年的客车仍然性能很好的真实案例，以及在各方面去宣传宇通客车用了哪些工艺、有多么负责任的工人等，才能让"耐用是金"的观念深入民心。

第4章 新媒体文案的写作形式

本章主要介绍软文写作、如何撰写新媒体销售型文案、新媒体销售型文案的写作结构、如何撰写新媒体品牌型文案、如何撰写新产品发布倒计时文案等方面的知识与技巧，同时还讲解不同媒介的特征及发布形式。通过本章的学习，读者可以掌握新媒体文案的写作形式方面的知识，为深入学习新媒体文案知识奠定基础。

4.1 软文的写作

本节导读

在这个传播手段日益进步的社会，不管是线上还是线下的企业，都会用到软文这一形式对企业的产品进行推广和营销。软文的形式不是单一的，而是多样的，不同的软文形式能够起到不一样的营销作用，因此掌握不同的写作技巧是很有必要的。

4.1.1 创意式软文

随着科技的不断进步，人们开始追求有趣的、好玩的以及新奇的事物，希望每天都有不同的创意能围绕在身旁，那样人们才不会觉得生活枯燥、单调乏味。如果能撰写出让人感到惊喜的创意软文，就很有可能吸引更多的读者和粉丝，使得文案中推销的产品和服务大卖。

案例：

如图 4-1 和图 4-2 所示，该自媒体"人类关怀计划"的作者是一位插画师，会利用漫画讲故事，在其名为《妹学 姐学 妈学》的公众号文章中，利用漫画讲了妹妹、姐姐、妈妈在生活中各种不同的处事方式，然后在漫画最后提出广告——手机游戏《最强蜗牛》携腾格尔推出单曲《蜗牛与黄鹂鸟》，并开始公测。

上面的创意式软文是属于"文字+图"的范畴，是一种常见的创意方式，但它却是从人们少见的角度出发，进行创意式软文的撰写，这样的软文能给读者留下深刻的印象。创意是一个很灵活的词汇，它一般不会主动出现在软文撰写者的头脑里，而是需要软文撰写者去挖掘灵感。可是怎样才能挖掘创意灵感呢？下面就来讲几个方法。

1. 制造新闻

新闻在人们的生活中已经属于必不可少的产物，只要企业学会制造新闻，如年终年会、年底座谈会或经销商大会、知名人士到访或是企业领导参加知名活动等，这类事件都可以作为制造新闻的素材。只要软文写得真实、不太夸张，就可算是一篇新闻创意式软文。

制造出新闻创意式软文，不仅可以提升产品的曝光率，还可以提升企业的品牌知名度。只要能保证新闻创意式软文写得真实、可信，必能达到营销目的。

图 4-1

图 4-2

2．搬出数据

数据类软文总体上来说和其他软文创意方法是一样的，但是由于其数据类型比较多，所以它也有自己的写作特点。

(1) 自身调查，有些数据是自己做测试或者调查的结果，也非常具有说服力。
(2) 重在加工，有了数据之后，加工成用户喜欢看的内容很重要。
(3) 在第三方网站上下载，许多专业网站就有很多可以利用的数据。

善于搜索，在百度新闻搜索中搜索相关关键词就能发现很多原始的数据分析，可以在这些数据的基础上进行整理和加工。在软文中可以通过一些数据调用、文字信息、图片、图表等方式来穿插自己产品的广告，从而达到合理宣传的目的。这样的创意软文写起来会比较快，并且说服力很强。

3．用故事说话

企业可以利用故事进行软文创作，故事可以从公司产品、企业家本人、消费者、企业活动、员工生活等方面下手，只要用心关注国内外热点事件、焦点，带着行动目标去想如何讲故事，那么故事创意软文就出炉了。

企业还可以想出一个凄美的爱情故事、励志的奋斗故事、悲惨的人生经历等，只要能把自己的产品很契合地融入故事中，就能达到一定的宣传效果。下面就来欣赏一篇创意小故事。

老公刚到家，突然听到有男人打呼噜的声音，他在门外犹豫了 5 分钟，默默离开，给老婆发了条短信："离婚吧！"然后扔掉手机卡，远走他乡。

三年后，他们在另一个城市偶然相遇，妻子流泪道："当年为何不辞而别？"男人简述了当时的情况。妻子转身离去，淡淡地说："那是瑞星杀毒软件！"

【分析】

通过"老婆出轨""丈夫远走他乡""三年后，相遇"来推出原来是"瑞星杀毒软件"引起的误会，如此一则生活气息十足的创意式软文，让人捧腹不已的同时，也让人记住了产品。

企业在利用热点事件进行创意思维时，一定要关注最近的热点事件，通过热点事件来发挥想象力，把自己的产品融入热点事件中，这样能快速地吸引人们的眼球。

4．拿竞争对手造势

拿竞争对手造势的意思是将矛头指向竞争对手，从而显示出自己的优点，就如之前被炒得沸沸扬扬的京东与天猫之战，那可谓是真正的互呛。京东在 App 的首页亮出了"不玩猫腻"的创意文案，暗指天猫卖假货；而天猫也不甘示弱，在 App 首页推出文案"真心便宜，不然是狗"，如图 4-3 和图 4-4 所示。

这些创意式软文非常有针对性，同时也是营销的一种手段，各大电商之间的"文案大战"让读者直呼过瘾，脑洞大开的文案真的不一般。众多的创意文案引发了读者围观热议，成为人们茶余饭后的谈资，最主要的是达到了宣传双 11 活动的目的。

图 4-3

图 4-4

4.1.2 促销式软文

促销式软文从字面意思来看，就知道是一种直白的推广方法。对于这种形式的软文而言，越直白越好，它是如今企业用得比较多的一种软文营销方法，也是比较经典的一种营销手段。

一般来说，促销式软文可以分为纯文字和"促销标签+图"两种形式，下面具体介绍它们的不同之处。

1. 纯文字，直接推荐品牌和产品

纯文字的促销式软文比较常见，它主要凭借文字向读者推荐品牌的特色、发展历程及卖点等信息。图 4-5 和图 4-6 所示为微信公众号"上海译文"发布的一篇直白的促销式软文的部分内容，向读者推荐了有趣的文创用品。

这篇软文从标题开始就十分直接，"这可能是你今年双 11 薅到的最后一笔羊毛"一是说明了店里卖的东西比平时便宜，二是给出了期限，赶紧买，不然就要错过了。软文内容也是围绕产品全面展开，为读者提供了比较准确的购物指导，从而进一步引发其购买欲望。

2. "促销标签+图"，更加直观

"促销标签+图"的促销式软文是指在产品或活动的图片上，搭配一些促销标签，如"冬季囤货不只 5 折"等此种软文。通过"攀比心理""影响力效应"等因素来吸引受众的注意力，图 4-7 所示为"促销标签+图"的促销式软文。

此篇文案是"促销标签+图"的典型案例，以"冬季男装"为中心，突出"囤

货""不只 5 折"字眼，使得受众看到文案后不禁怦然心动，这就是促销式软文的魅力。

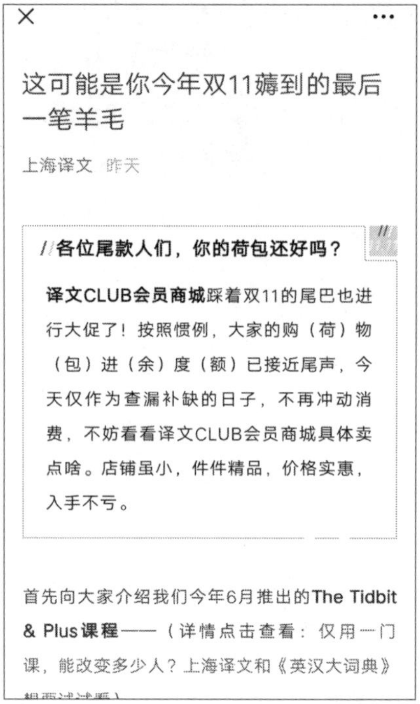

图 4-5 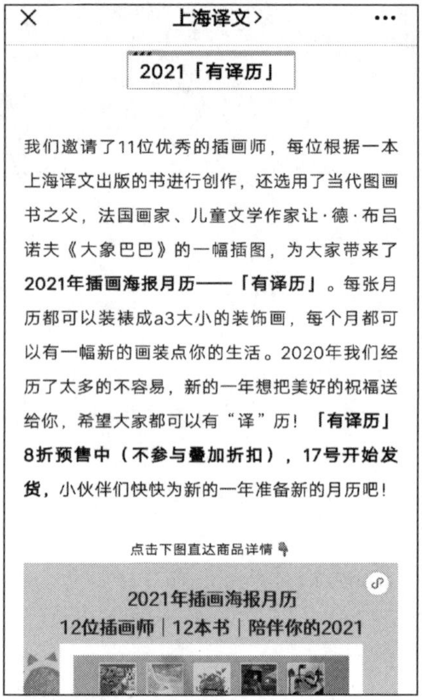　　　　　　　　　　　　　图 4-6

图 4-7

直接简单的促销式软文拥有变现的神奇力量。那么，在打造这样的文案时，应该怎么做呢？是不是简单地陈述事实就好呢？实际上，无论是创作纯文字形式的促销式软文，还是打造"促销标签+图"的促销式软文，都需要掌握如图 4-8 所示的 5 点技巧。

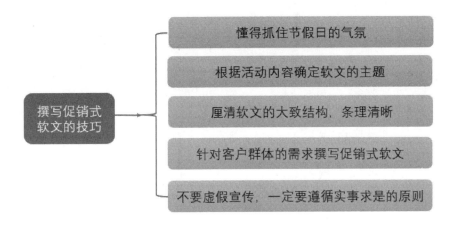

图 4-8

4.1.3 悬念式软文

悬念式软文，顾名思义，就是通过设置悬念来引起读者的注意。首先是提前设置好问题，让读者自行猜测、关注及讨论，然后等到时机成熟再抛出答案，它属于自问自答式。

悬念式软文在各种各样的场景都会出现，不管是主打文字销售的微信公众平台，还是致力于销售商品的淘宝头条，都会应用到悬念式软文。

图 4-9 和图 4-10 所示为微信公众号"粉星种草鸡"上一篇名为《编辑部真实订单分享！没想到他们双十一居然买了这些东西？》的软文，该文标题一开始就设置了悬念，勾起读者的好奇心，紧接着，读者就会点击文章进行查看。在阅读的过程中，作者会一步一步地给出答案，同时向读者推荐一些商品，促使读者产生购买的欲望。

悬念式软文不仅可以有效地吸引读者的眼球，提升软文的浏览量，而且还可以趁势推销相应的产品，在帮助读者解决问题的同时获得收益，两全其美。

悬念式软文思维优势十分明显，但很多人仍然没有掌握悬念式软文的写作技巧，认为它不好写，那么究竟要怎样才能写出一篇打动人心的悬念式软文呢？笔者认为，掌握如图 4-11 所示的 6 个技巧即可。

在这个快消费时代，充满耐心的阅读已经不常见了，尤其是阅读广告。悬念式软文的好处在于成功利用读者的好奇心理，戳中痛点。如果想把一篇悬念式软文打造成功，就要学会提炼一到两个关键点，一点一点地给出关键信息，让读者去猜测，最后给出解答。

图 4-9

图 4-10

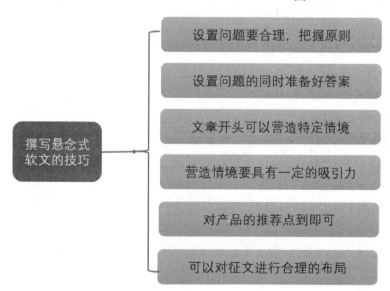

图 4-11

4.2 撰写新媒体销售型文案

本节导读 根据美国拉维奇和斯坦纳的研究，消费者对于产品从认知到购买的过程由三部分组成，即认知—情感—行为。对于企业来说，有必要遵从这 3 个过程来做广告。用于"认知"及"情感"阶段的文案，叫作品牌型文案，而用于"行为"的文案，叫作销售型文案，即用来促进直接销售。

4.2.1 新媒体销售型文案的特性

销售型文案无论长短，都具有以下特点。

1. 给出立刻购买的理由

给出一个能够促使人立即购买的理由，如促销活动能够帮助目标人群解决对应的问题。如图 4-12 所示的"全场直降 领券至高减 130"是购买理由，且广告投放时间段在冬季，运用了"暖冬囤货"来烘托气氛。其他如"下单立减 200 元""实付满 5000 元送家装基金 200 元""全场低至 9.9 元起"等为促销活动形式的购买理由。

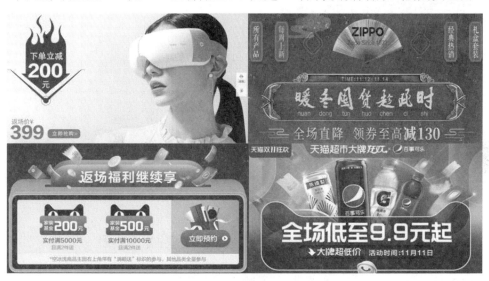

图 4-12

购买理由每次只重点突出一个，如果还有更多的购买理由，可用副标题的形式突出，如图 4-12 中的"全场直降 领券至高减 130"是主要的购买理由，副标题中的

"全场低至 9.9 元起"是次要的购买理由,这么做的好处是如果目标人群对主要购买理由不感兴趣的话,次要的购买理由还能从另一方面继续打动对方。

2. 制造紧张感、稀缺感

类似于"活动仅 3 天""限 100 名"的文案则通过活动时间、参与人数、产品数量的限制,来制造紧张感和稀缺感,甚至用倒计时的方式加强紧张感,如聚划算的运用,聚划算的广告页面中购买理由均为促销活动,右下角则通过时间的限制加强了紧张感,催促人迅速下单,如图 4-13 所示。

图 4-13

3. 有明确的购买引导

明确的购买引导如"立即购买""点击了解更多""马上抢"等引导文案更有利于人下意识的动作。

一般以上 3 个特点的销售文案普遍出现在广告图中,主要作用为短时间内吸引注意,刺激购买情绪。然而对于长文案,则需要涉及更多。

4.2.2 销售型文案需要具有强有力的购买理由

销售型文案需要解决顾客的两个疑问:"为什么要购买?""为什么要现在购买?",即销售型文案应给出产品卖点特色,写出产品能够为客户解决什么问题。在此基础上,通过促销活动、制造紧张感和稀缺感引导立即成交。"为什么要购买"需要销售型文案给出强有力的理由及适合的销售环境,分别从理性及感性层面与消费者进行沟通。

1. 创造合理的需求缺口

"让生活更美好"曾被很多企业用在文案里。这个文案几乎符合一切商品，所有的物品都是为了让生活更美好而来，但用在销售型文案上，反而并不能凸显产品的特点和卖点。

纸尿裤刚推出时，主打的需求点是方便，很多妈妈会担心给自己塑造了一个贪图方便而不顾及小孩的懒妈妈形象。当纸尿裤调整为"更舒适干爽透气"的需求点时，纸尿裤的销量开始大增。因为这个需求点给妈妈的购买理由是为了宝宝更舒适，应该购买纸尿裤。

找到合理的需求点后，还需帮助消费者将自己的竞争对手或潜在竞争对手进行排除，给目标人群一个"为什么购买这个产品而不是其他同类产品"的理由。例如，某儿童专用滚筒洗衣机，则需要给人一个为什么要购买儿童专用滚筒洗衣机而不是普通的洗衣机或是直接用手洗的理由。选取了这样的需求点：为了不让宝贝的皮肤因为衣服没有洗干净而出现问题，你需要一款专业的儿童滚筒洗衣机。然后进一步强化卖点：高温煮洗杀菌，这个卖点是普通洗衣机所不具备的。帮助消费者排除掉儿童滚筒洗衣机的竞争对手——普通洗衣机，如图 4-14 所示。

再进一步强调智能模拟摔打式手洗的功能，不惧衣服磨损变形，达到洗护合一，如图 4-15 所示。

图 4-14	图 4-15

2. 创造合适的销售环境

同一个人，当他在西餐厅时会尽量小声说话，举止得体，有绅士风度；而当他和朋友一起在路边摊吃烤串喝啤酒的时候，却可以大声喧哗。人会自动做出一系列调整以适应环境，销售也同样需要一个合适的环境。

实体店的销售会通过节假日气氛布置节奏快的音乐去影响人的销售行为，而新媒体也同样可运用文案、图片、声音、视频等营造适合的销售环境，如图 4-16 所示，乐纯草莓味酸奶的销售文案，在商品出现之前用文案做了长长的铺垫，勾起人们对粉红色、少女心、草莓的喜爱和向往之情，再通过精致的产品图片体现酸奶的纯天然，以及运用配乐制造销售氛围,最后通过"点击订购 把少女心带回家"的引导文案促使订单能够立即成交。

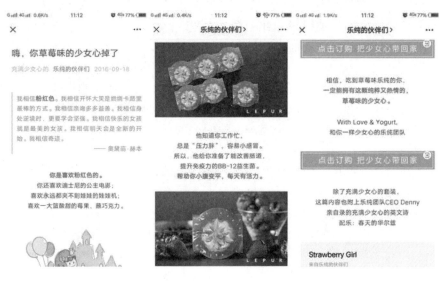

图 4-16

微信公众号"文怡家常菜"销售珐琅锅,运用了具有生活场景化珐琅锅的图片营造了销售环境,用感性的文案说明生活中的小幸福来自于一些小物品、小温暖,让人产生购买一些有质感的小物品的需求后,继续用产品美图模拟使用者的美好感受,然后进一步用具体的产品来做理性介绍,如图 4-17 所示。

图 4-17

4.3　新媒体销售型文案的写作结构

本节导读　新媒体销售型文案的写作结构包括 4 个部分，分别是标题吸引注意、第一段有代入感、正文内容可信以及结尾重复卖点并给出明确的购买提示。本节将详细介绍这 4 个部分的写作技巧，文案好不好，与这 4 个部分关系重大。

对于图文形式或是商品销售页面的产品介绍以及其他的销售长文案，除了创造合理的需求缺口以及合适的销售环境外，还需考虑到目标人群的认知过程，从最初的吸引注意、有代入感到产生信任并购买，可通过创作框架一步步来实现，如图 4-18 所示。

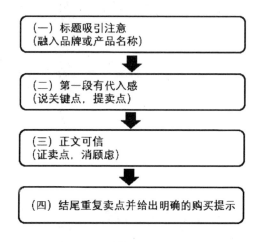

图 4-18

1. 标题吸引注意

标题吸引注意有 4 个方法，包括与"我"相关、制造对比、满足好奇心、启动情感。但是与此同时，不能忘记品牌或产品的融入，主要考虑消费者在没有打开图文或没有继续往下阅读的时候，能够对我们所需表达的内容一目了然，融入品牌或产品名字更有利于加深印象，如"如何用褚橙做出媲美英式下午茶的甜点"。

2. 第一段有代入感

文案的第一段在强调代入感的同时还需点出消费者的关注点，并提出商品与之对应的卖点。

通过讲故事、提问题、用情怀、造悬疑的方式让消费者有代入感，销售文案的目的是销售，同时不能脱离产品的卖点，写出与消费者日常相关的关注点，并提出对应的解决方案，这更容易让人产生购买需求。如通过讲一个使用一般成分的沐浴乳带来的皮肤困扰的故事后，再将需要销售的天然成分沐浴乳的主要卖点展现出来。

3. 正文内容可信

正文内容需让消费者感到可信，证明卖点的同时还需注意打消消费者的相关顾虑。除了运用让文案可信的 7 个方法外，还需照顾到消费者存在的顾虑。例如，顾客可能会担心售后服务，销售文案则应给出"7 天无理由退换货""假一赔十"的承诺。

4. 结尾重复卖点并给出明确的购买提示

结尾总结并重复卖点，让购买者对于文案的卖点更为清晰，并且给出明确的购买提示如"立即购买"，来增加购买的行动概率。

4.4 撰写新媒体品牌型文案

本节导读　在"认知—情感—行为"这 3 个阶段中，销售型文案主要承担了"行为"的阶段，而品牌型文案主要为"认知、情感"阶段而服务。用于告知品牌相关信息、加深消费者对品牌印象及情感的相关文案均称为品牌型文案。

4.4.1 新媒体品牌型文案的特点

日常工作中品牌型文案大致可分为品牌介绍文案、新产品发布文案、热点借势营销文案，甚至所有与消费者接触的非直接销售产品的文案也是品牌型文案。

品牌型文案主要有以下 3 个特点。

1. 有调性

"调性"一词源于音乐，不同的调性带给人的感受是不同的，有些调性会给人以欢乐、轻快的感觉，而有的调性则给人以低沉、忧郁的感觉。品牌文案也同样具有调性，而这个调性是欢快、平和，还是动感、刺激，都是由品牌个性所决定的。

正如"苹果""小米""诺基亚"等不同的品牌能够给人带来的不同感觉和形象联想。品牌就像一个有鲜明个性的人，消费者通过品牌相关的文案、包装、店铺、广告图片等形象去感受这个品牌的个性。例如，文案"再一次改变世界"，用在苹果手机上，消费者会觉得很适宜，有行业领头人的魄力；但如果一个小众品牌推出这个文案，则容易被认为是自吹自擂。

2. 重情感

品牌文案通过温和的情感沟通，引起消费者的注意和共鸣，从而达到让消费者喜欢该品牌广告，进而对广告中的产品产生好感的目的。例如，黄金饰品常被购买用于做嫁妆，广告中常出现以父母和女儿的感情故事为基础，激发父母对即将出嫁的女儿的不舍与浓厚的感情，进而推出广告产品。

3. 利传播

通过品牌文案所提倡的世界观、人生观、价值观，从而促进消费者更愿意主动地分享与传播，在传播的同时，品牌不仅做到了高曝光，更增进了消费者对于品牌的认识和情感。如图 4-19 所示的微博的"随时随地，发现新鲜事！"主题文案，让人们知道上微博可以随时了解身边乃至全世界正在发生的新鲜事。

图 4-19

4.4.2 让新媒体品牌型文案有调性

如果让你回忆小学时的同学，你能想起来的都有哪些人？一般而言，能够被想起的都是有明显个性特征的人。明显的个性特征更有辨识性，也更容易被记忆。

品牌个性也同样如此,并且不同品牌个性也决定了文案的调性和广告形象均有所不同。美国品牌学之父戴维·阿克通过对品牌个性的研究总结出 7 种品牌人格,即坦诚、刺激、能力、精致、粗犷、激情、平静。

(1) 坦诚:表现为脚踏实地、诚实、有益的和愉快的。

海尔的"真诚到永远"文案就表现了坦诚的特质,并且通过一系列的文案甚至互动来体现,语言风格就像是在消费者身边的一个亲近的朋友。

海尔微博上发布的家电科普帖互动就是走家常路线,让人感受到品牌的真诚。

农夫山泉也同样如此,通过展现农夫山泉员工的真实故事和经历,表现出一个脚踏实地、诚实的品牌形象。

(2) 刺激:表现为大胆、生机勃勃、富有想象力和时尚的。

如百事可乐的"突破渴望"文案,表现出刺激的品牌人格。不论用哪个品牌形象代言人,都在体现这样一种人格特质,并且在广告片的画面中也能够感受到时尚和想象力。

(3) 能力:表现为可靠、聪明和成功。

如大部分的汽车广告文案,都在塑造一个成功人士的形象。奥迪汽车的新奥迪 ABL 加长型领袖座驾的"权力控制一切,你控制权力""时间改变一切,你改变时间""等级划分一切,你划分等级""真理证明一切,你证明真理"一系列广告文案等都具有权力和控制感的成功形象。

(4) 精致:表现为上流社会的和有魅力的。

如阿玛尼品牌,体现优雅、具有绅士风度的形象。香奈儿的一系列经典文案也在体现这一人格——"时尚会过去,但风格永存""有些人认为奢侈的反义词是贫穷,事实上不是这样,奢侈的反义词是粗俗""每个女孩都该做到两点:有品位并光芒四射""不用香水的女人没有未来"。

(5) 粗犷:表现为户外的和坚强的。

如户外品牌骆驼的广告文案"10 年努力与忍耐,终获硕果。有骆驼,带你走更远""山那边是什么?还是山。其实很无趣。不过,去过的才有资格说,单挑世界,骆驼凶猛"。运用这一人格可以让品牌给人以耐用、舒适,具有男人味和力量感的形象。

(6) 激情:感情丰富、灵性和神秘。

激情与刺激较为类似,但更为细腻,如红牛的"你的能量,超乎你的想象"。红牛的消费者包括车上也蹦迪的人、准备考试的大学生们和消耗体能的运动爱好者,红牛把产品的市场定位在大量消耗脑力、体力劳动的年轻一代,让那些热衷于速度、快乐、狂欢、自由战士的消费个体成为自己的簇拥者,并塑造独具个性的红牛精神。

(7) 平静:和谐、平衡和自然。

如无印良品的文案都散发着平和、安静、与自然和谐共处的感觉。例如,"像水一样"的主题文案"无印良品以水自许。水是沉稳、不可少的,总是在人们身旁,提供休憩与滋润。世界正笼罩在低迷的经济话题之中,在这种时候我们更愿意认真检视基本的一切,期许能够陪伴在更多人的身边。希望大家放宽心,慢慢前行不慌张,无印良品永远像水一样,为您的生活打气"。

不同的品牌人格,在产品的设计、广告形象、文案上均有不同表现。作为文案工作者,为每个不同的品牌写文案前必须先了解品牌原有的人格特质。一般而言,实用性的商品品牌更倾向于用坦诚、能力、平静的品牌个性,像家电更侧重于实用性,运用坦诚的品牌人格居多,如海尔"真诚到永远"。而具有公共性、涉及个人形象塑造的商品品牌则更倾向于用刺激、教养、粗犷的品牌个性,如服饰、车等。

另外,一个品牌也可能同时具有多个品牌人格,如路虎汽车品牌会同时具有教养、粗犷的人格特质。

(8) 世界观、人生观、价值观,让品牌人格更生动。

个人会因为文化、阶级、年龄、性格等因素,拥有不同的看待世界、人生、事物的观点,即世界观、人生观、价值观不同。品牌也是一样,正因为三观不同,才让消费者更为深刻、生动地感受到品牌的人格。

大众银行广告《梦骑士》通过一群老年人的形象,表现出品牌的人生观——人要为了梦想而活。

文案:

"人为什么要活着?为了思念?为了活下去?为了活更长?还是为了离开?

(人物旁白)去骑摩托车吧。

5个平均年龄为81岁的老人,1个曾患中风,1个得了癌症,3个有心脏病,每一个人都有退化性关节炎。6个月的准备,环岛13天,1139公里,从北到南,从黑夜到白天,只为了一个简单的理由:人为什么要活着?梦,不平凡的平凡大众,大众银行。"

文案没有华丽的辞藻,没有形容词的叠加,但表现出的人生观以及人物事件不仅具有坦诚的人格,更具有刺激、激情的人格魅力,让消费者感受到大众银行并非银行业常见的严肃而专业的形象,而是不仅值得信赖,更是有追求、有激情的品牌形象,这就是大众银行的调性。

万科的"珍视生活品质"系列广告,以平实的语言、亲切的形象表现了自己的价值观,让消费者不仅有共鸣,更增添了几分信赖和品牌的好感,如图4-20所示。

文案:

"最温馨的那盏灯,一定在你回家的路上。如果人居住的现代化只能换来淡漠和冰冷,那么它将一文不值,我们深信家的本质是内心的归宿,而真诚的关怀和亲近则是最好的人际原则。多年来,我们努力营造充满人情味儿的服务气质和社区氛围,赢得有口皆碑的赞誉,正如你之所见。"

"再名贵的树,也不及你记忆中的那一棵。越是现代,生命的原本美好越值得珍惜,我们深信,虽然不断粉饰翻新的名贵和虚华更容易成为时尚的标签,但令我们恒久眷恋和无限回味的一定是心中最初的那一片风景。多年来,万科珍视和努力保留每一片土地上既有的人文财富,以纯粹的审美趣味引领时代潮流,正如你之所见。"

图 4-20

4.4.3 节假日气氛对情感文案的助益

每逢节假日,甚至是二十四节气,企业都会利用消费者的节假日心理,结合自身的品牌形象及产品推出对应的节假日营销活动或文案,这不仅可以传达品牌内涵,加强与消费者的情感联系,也能提高品牌的曝光度。

做节假日营销文案或活动,主要在于找到节假日元素及情感、目标人群的需求及情感,以及产品元素及相关卖点之间的契合点,如图 4-21 所示。

1. 节假日元素及情感

如春节,相关的元素会有大红灯笼、传统的剪纸窗花、鞭炮、春联、红包、喧闹的音乐、温馨的年夜饭等,而相关情感则会包含回家团聚的快乐、备年货的烦琐细碎等。

图 4-21

2. 目标人群的需求及情感

不同的人群，需求点和情感会略有不同，如刚毕业不久的人第一次回家过年的期待，工作多年因为回家少而自责，甚至一些大龄青年春节回家可能还会面临催婚的尴尬等。

3. 产品元素及相关卖点

找出企业的产品与节假日的元素及情感、目标人群的相关需求及情感的契合点。产品在这中间扮演的角色是怎样的，文案要激发起人怎样的情感共鸣。

一般如春节这样大的节日，企业会特别重视做情感的营销包装和推广，但其他的小型节日，企业也会运用文案来做一次品牌曝光。正如五粮液在小雪节气，运用了唐代诗人钱起《东溪杜野人致酒》中的一句"晚来留客好，小雪下山初"和"小雪"的节气进行呼应，诗句符合五粮液品牌本身比较传统的气质，对于消费者能够起到提醒天气比较冷了喝点酒暖身的作用，但是在消费者的情感联系上还有待加强。滴滴的中秋节营销文案在情感联系上就显得更为生动，运用了中秋的月亮和玉兔的元素，消费者情感则是中秋团圆，与产品的契合点就是"带着我去见最想念的人"，将月亮的元素当作马路来运用，放上一部车的形象，一个"好滴"让人不禁会心一笑。

大部分重视在新媒体上做营销的企业，每个节日都会推出一套文案。作为文案创作者，就需要考虑如何在诸多的节假日营销文案中标新立异，找到一个好的视角和创意。

怎样的节假日文案才是好文案？跟如何做节假日营销文案是同一个道理，主要有 3 个原则，即节假日氛围、情感共鸣、品牌或产品的有机植入。如图 4-22 所示的百事可乐广告文案创意，"桂花散香飘祥瑞，欢聚佳节庆团圆"，将自己的新品桂花味可乐与中秋佳节联系在一起，同时邀请粉丝互动晒中秋家乡美食，并举办抽奖活动，让消费者和品牌之间产生互动，能够进一步加强情感联系，底下还附带购买链接，是一个非常典型、完整的"认知—情感—行为"销售过程。

图 4-22

1) 节假日相关元素

大部分节假日文案都能做到烘托节假日氛围,只是"××节快乐"就能营造节假日氛围,画面运用相关元素即可。

2) 情感共鸣

情感共鸣则需要找到一个能够打动人的情感点。图 4-22 中百事可乐运用的情感点就是中秋佳节家人团聚,这个大家都会有认同、有共鸣。

3) 品牌或产品的有机植入

品牌或产品的有机植入是节假日营销文案中重要的一环。很多品牌都是配上节假日相关的图片,直接放上自己品牌的商标,这也是一种方式,但会显得有点生硬,并且直接去掉商标,换成其他的商标也同样适用。

另外,还有两种植入方式,即产品包装的植入和产品或品牌名称的植入。

产品包装的植入如可口可乐的父亲节广告图,直接将具有标志性的可乐瓶做成图案主体。产品或品牌名称的植入则如脉动的父亲节营销文案,将脉动这个品牌词和功能均融入文案中。

脉动父亲节微博配文:#父亲节#你是别人眼中的超级英雄,但看着每天辛苦打拼回家后的你，只想对你说一声：各位爸爸，你们辛苦了！状态恢复就交给脉动！宝宝们，说说在你的心目中，爸爸更像是哪位超级英雄？猛戳图有惊(奖)喜(品)喔！

文案：

在外，你是应对一切的钢铁侠，回到家，状态恢复就交给脉动！

在外，你是教育熊孩子的美国队长，回到家，状态恢复就交给脉动！

在外，你是穿梭城市的蜘蛛侠，回到家，状态恢复就交给脉动！

在外，你是拯救无数人的美国超人，回到家，状态恢复就交给脉动！

并且配上了一个有奖互动活动："说一说你心目中，爸爸更像是哪位超级英雄？"

在写节假日营销文案时，可参考表 4-1 中的三个原则进行对照修改。

表 4-1　节假日营销文案参考的三个原则

原　则	节假日相关元素	情感共鸣	品牌或产品植入
打　钩			

4.5　撰写新产品发布倒计时文案

本节导读　产品在投放市场之前，往往会对市场进行预热工作。其目的就是通过市场预热，培育和发掘需求，为下一阶段的新品上市做好宣传和造势工作。市场预热具有前期性和基础性的作用，产品能否在市场上站稳脚跟，取得发展，市场预热作为"头一炮"工作，起着关键性作用。

当前，加强产品市场预热工作成为众多品牌新品上市准备工作的核心内容。当然产品上市预热有很多种方式，文案的软文或宣传照是如今网络化比较流行的一种方法。

要通过自身的舆论阵地建设，首先要在内部做好产品的"软文"宣传，通过"软文"勾勒出新品的蓝图和蓄势待发的形势，让市场和客户产生期望感和兴趣感。

借助媒体和网络进行宣传。将新品即将上市的消息纳入平时的媒体宣传当中，融入于无形。同时将"软文"和网络宣传配合起来，在论坛、行业网站、门户网站、自身网站以及嵌入式的网络媒体进行宣传，形成强大的先期舆论关注度和宣传攻势。

推出新产品是企业的一件大事，除了要召开新品发布会做推广外，借用新媒体提前预热告知，引起目标人群的好奇和期待非常必要。新产品发布文案做得足够好，也能够直接为企业节省推广成本，引爆新品。

一般企业均通过新品发布倒计时的方式来发布文案，并投放在微博、微信公众号等新媒体渠道。

来看看这些产品上市之前的倒计时预热。有的采用直白的方式介绍出新产品的特性；而有的就会吊起消费者的胃口，进行挑逗式的文案营销。

倒计时海报流行可以说是注意力经济的效应，也是传统广告活动预热环节的具体分化。万变不离其宗，倒计时海报最重要的依然是制造悬念，吸引消费者的注意力，持续发声，吊足胃口。

图 4-23 所示百度阅读的这一组倒计时，没有通过直接的描述展示这款产品的用途和性能，而是通过将陈述句改用疑问句的方式进行表达，但是我想大家在看完这 3 张图片之后，都能了解这组广告要传达给我们的是什么：逆扁平、单手操作、炫酷！

图 4-23

罗振宇从 2015 年开始举办主题为"时间的朋友"的跨年演讲，每年临近年底的时候都会发布倒计时海报对演讲进行预热。图 4-24 所示为 2018 年"得到"App 开屏发布的倒计时海报，以 Mr.Time 的口吻与"得到"App 的受众进行沟通。在这个媒介变得暴力、注意力极度稀缺的文案时代，"得到"App 一直保持着较高的标准和品位。哪怕只是倒计时的提醒信息，哪怕只会在潜在受众眼中闪过 1 秒，但是都宣示着"得到"App 对时间的解读。

"得到"App 的用户画像为年龄在 20～40 岁、渴望成功、时常焦虑、对现实生活不满意、积极进取、关注经济、愿意花钱投资自己、喜欢尝试并接受新事物的人群，这样的开屏海报更容易激起用户去看跨年演讲，让更多的人知道"得到"这个品牌，从而达到购买其付费知识商品的目的。

图 4-24

4.6 新媒体品牌型文案的结构

本节导读　意识形态执行创意总监石梦慈曾用一句话定义文案:"21 世纪没有诗人,他们都藏在广告公司里做文案。"生活中也常有人说:做不了诗人,就做文案。本节将详细介绍如何运用古诗的起承转合来架构文案的结构,从而达到"认知—情感—行为"销售过程的目的。

文案和诗之间具有一定的通性,如会讲究押韵、对仗、文字的节奏感等,虽然新媒体对文案的语言要求更直白、通俗易懂,但仍然值得借鉴,尤其是品牌文案的内在框架——起、承、转、合,如图 4-25 所示。

起,即开头。开头的主要作用为引出话题,统领整个文案的风格、基调,或者提供相关背景;承,即为承上启下,让上下文保持紧密的连贯性;转,即为转折,从一个事物转到另一个事物,或者从场景转到人,文案中转的作用往往是为了转到主题而做的;合,即为总结,往往需要突出主题并升华。

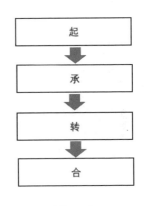

图 4-25

古诗基本遵循着这个原则,如李白的《静夜思》:

(起)床前明月光,

(承)疑是地上霜。

(转)举头望明月,

(合)低头思故乡。

四句诗句，每句都在搭建及丰富整首诗的场景和情感。"床前明月光"开启了整个诗句，也塑造了一个夜晚静谧的场景；"疑是地上霜"承上启下，连接了床前的月光和接下去的"举头望明月；"举头望明月"主要作用就是将整个意境和意义转向本诗的主题——思乡，是整首诗中的转折点；"低头思故乡"则总结和升华了前面营造出的场景和整首诗的意义。

品牌文案也常如此，如 QQ 浏览器的品牌主题文案："我要的，现在就要。"借用不同代言人的风格，推出不同的文案，但均围绕着"我要的，现在就要"这一主题进行延展。如其中的张靓颖版：

(起)我从不确定前方是什么样的路，
(承)因为我更确定路是走出来的，
(转)成就梦想，必与时间为伍，
让身体和思想同步。
(合)我要的，现在就要。

在大部分的品牌文案中，都能够找到"起承转合"的框架，就像一段文案的骨架一样，因为有了这个骨架，所有的血肉才得以有序的组织。这种结构，类似于作文中的"分—总"结构，文案当然也可运用"总—分""总—分—总"的结构，但当文案侧重于感性的情感、情怀表现时，一般会选用"起承转合"的"分—总"式框架，更有利于营造场景、表现情感。

而当文案侧重于理性的叙事，如品牌介绍、产品介绍的时候，则运用"总—分"或"总—分—总"的形式会更好，可让人直接看到最关键的词汇。

很多品牌形象文案用的都是"起承转合"框架。再如，别克君越的"不喧哗，自有声"主题文案：

(起)这个时代，
每个人都在大声说话，
每个人都在争分夺秒。
(承)我们用最快的速度站上高度。
但是也在瞬间失去态度。
(转)当喇叭声遮盖了引擎声，
我们早已忘记，
谦谦之道才是君子之道。
你问我这个时代需要什么，
在别人喧嚣的时候安静，
在众人安静的时候发声。
(合)不喧哗，自有声。
别克君越，新君子之道。

4.7 不同媒介的特征及发布形式

本节导读 本节将详细介绍社交媒体的特点及使用人群的行为习惯特征、主流社交媒体的不同特征及广告方式、社交平台发布广告的注意事项等内容。社交媒体的特点及使用人群的行为习惯特征包括用户黏性强、用户使用目的主要为社交及获取资讯、文案的语言风格及说服策略年轻化,掌握了这些特征才能对症下药,制作出精确吸引受众的广告文案。

4.7.1 社交媒体的特点及使用人群的行为习惯特征

社交媒体已经深深地植入年轻人的生活中,而企业的营销广告也同样被社交媒体改变着。

社交媒体放大了口碑效应:社交媒体让消费者更自由地发布个人观点,虽然口碑宣传一直很重要,但在以往,口头传播仅限于小范围的人际关系,而借由社交媒体,每个关于企业的观点都很有可能对企业带来深远影响。

消费者购买决定方式的改变:大部分的消费者都开始用社交媒体了解其他消费者的体验,寻找关于品牌、产品或服务的更多信息,从而决定是否购买。

基于人际关系以及精准营销的广告更容易被接受:尽管尼尔森社交媒体报告说明大约有 1/3 的社交媒体用户表示,在社交应用上发现广告要比在其他地方看到广告更让人感到生气,但调查结果也仍然显示社交媒体存在与消费者互动的机会;超过 1/4 的用户表示,他们更可能关注自己好友所分享的广告;另外,还有超过 1/4 的消费者表示愿意在社交网站中看到基于他们个人信息所量身定做的广告。

《微信生活白皮书》形象地描述了一个典型用户的一天。

7:00 起床刷朋友圈,7:45 出门上班,在路上阅读文案、玩游戏,8:30 到公司楼下购买早餐,9:00 开始工作,10:00 忙里偷闲刷朋友圈、收发微信消息,12:45 准备午休,17:00 准备下班、刷朋友圈,18:00 下班回家,20:00 看电视、读文章、刷朋友圈、聊天、玩游戏等,22:00 准备睡觉、刷朋友圈。

在新浪微博数据中心发布的《年度微博用户发展报告》中显示,用户使用微博的时间与微信的使用习惯均保持一致。由此可见,用户使用社交媒体的时间均保持一致,并且会因为生活习惯的原因,在一天中出现几个使用社交媒体的小高峰,如 7:45、10:00、17:00、20:00、22:00。

中国互联网络信息中心在《中国社交应用用户行为研究报告》中指出,社交媒体整体表现为用户黏性强,用户使用目的主要为社交及获取资讯,而在人群的特征上则表现为男女相对均衡、年龄较为年轻化(40 岁以下用户占 82.5%，其中，20～29 岁年龄段的社交用户占 32.9%，其次是 19 岁以下用户占 26.3%；30～39 岁用户的占比也在 20%以上)，受中等教育程度者居多、月收入为 3001～5000 元者较多的特征。

以上数据给新媒体文案带来以下几点启示。

1. 用户黏性强

广告可分时段根据用户不同需求发布，如 7:45，大部分的人群可能都在上学、上班的路上，大部分的微博会发布心灵鸡汤式的信息或与早餐相关的信息等。

2. 用户使用目的主要为社交及获取资讯

文案要让自己的广告信息能够成为用户的社交货币，并且能够提供实用的内容，如一个卖花的品牌，可以给自己的用户分享如何插花才好看、基本的花卉品种及搭配技巧等。

3. 文案的语言风格及说服策略年轻化

和一个小孩沟通要用孩子的语言，而和年轻人沟通也同样需要用年轻人的语言或当下最热门的网络用语。当然，语言风格也由品牌自身的风格决定。若是针对老年人的商品，但老年人上网较少，企业又需要在新媒体上进行推广，则可考虑将推广策略调整为专门针对年轻人的沟通策略，说服小辈购买给自己的长辈。

在诸多的社交媒体应用中，QQ、微信、陌陌等即时通信工具的使用率最大，占 90.7%，QQ 空间、微博等综合社交应用占比 69.7%，且 89.3%的用户使用手机应用作为即时通信工具。因此，大部分企业都会在即时通信工具、综合社交应用上做营销，并且更多地考虑用户的碎片化时间。

4.7.2 主流社交媒体的不同特征及广告方式

虽然社交应用平台的人群均有一定特性，但每种媒体都有自己独有的特征及广告传播方式。微博偏重兴趣信息的获取及分享；而微信、QQ 更偏重沟通，其中微信偏重熟人关系链上的沟通，QQ 则是年轻人认识新朋友的社交平台。

1. 新浪微博的特点及其基本广告运用

微博比传统的新闻媒体更具有天然优势，新浪微博一直都是各类重大新闻事件的首发源头。微博的主要特点为辐射人群范围广、传播更为快速、言论自由影响大、内容简短更符合碎片化阅读特性。

企业一般自建主页，注册建立自己的品牌官方微博，微博基本广告运用功能如图 4-26 所示，可发布 140 字的文字内容，可插入表情、图片、视频、话题、头条文章、微评以及微博故事等，还可运用直播、点评、定时发等功能。

图 4-26

（1）发布 140 字以内的微博动态，可附图、附视频，此为微博最常用用法，如 SKG 未来穿戴的微博动态，在 140 字以内告知品牌的最新动态，邀请了一个最新的广告代言人，如图 4-27 所示。

当然，微博不仅仅可以发布动态，还可利用提醒(@)好友及转发的功能，做转发有奖的活动。图 4-28 所示为旺仔俱乐部的转发有奖活动。此种活动类型为官方微博吸引粉丝、扩大传播常用的方式。

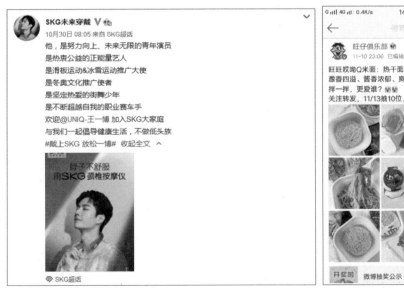

图 4-27

图 4-28

一般而言，作为企业微博的运营者会规划每天发布动态的数量，以保证在不同时间段做到品牌曝光，而动态内容会有不同的分类，如实用性、情感性、互动性、产品或服务广告等，从不同的方面让自己的粉丝能够看到自己，并触动粉丝互动，分享转发出去。

（2）企业主页背景图。微博主页一般都有默认背景图可选，但作为一个品牌的官方微博，完全可以自行设计，让背景图不仅成为企业的品牌形象，更成为产品或服务宣传的广告图，并且可根据节假日及品牌相关活动进行对应的图片设计。麦当劳的官方微博主页将新推出的"板烧万千风味"系列汉堡作为这段时间的主推，整体主页背景设计融为一体，成为企业一个大大的广告位，如图4-29所示。

图 4-29

（3）头条文章。如果需要传达的信息太多，则用头条文章的形式发布文章。文章的形式可方便微信公众号和微博同步转发。

（4）企业主页轮播图。图4-29中的"早餐经济学，省多点，吃好点"的广告图位置即为轮播图，可做多个图片进行滚动轮播，并且可通过广告图片添加链接，跳转到官方网站或购买链接。

2. 微信的特点及基本广告运用

微信在传播速度、辐射人群方面远没有微博强，但它更侧重于私人关系的交流和互动，其信息的消化率更高。例如，同样的内容发布在微博和微信上，微信上的评论和点赞会远远高于微博，这相当于把现实生活中的强关系转移到微信上。

微信的信息到达率为100%，只要微信关注了对应的公众号，信息都能够被接收到。微博的信息则更容易被忽略。企业在做微信营销时，主要运用微信公众平台。微信公众平台广告发布条数是有限的，目前微信公众号分为订阅号和服务号，订阅号每天可推送一次消息,而服务号则每月只能推送 4 条信息。无论是服务号还是订阅号,广告常用的功能包括图文消息、文字消息、图片消息、音频消息、视频消息,如图 4-30 所示。

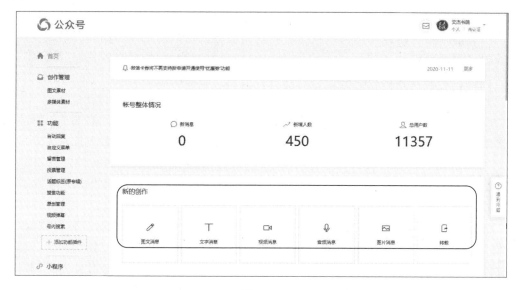

图 4-30

(1) 图文消息。图文消息相当于可配图、配视频的文章,可以在"素材管理"中建立图文消息。该功能为微信公众号最常用功能,主要方便用户分享和转发。

图文消息主要分为单图文和多图文。单图文即一次只推送一篇图文,多图文则为一次推送多篇图文(最多可推送八篇图文),如图 4-31 所示。

图 4-31

通常来说，对于同一个公众号，单图文的优势是信息聚焦，点击率会更高，用户不用过多选择和考虑；多图文则常用在需要表达的信息较多且信息分类有所不同时，缺点是用户需要在多个图文中有选择地阅读，每个图文的点击率和阅读量较单图文会更低些。

图文消息的结构包含标题、主图、摘要、正文。在单图文中，标题、主图及摘要会有限呈现给用户。

标题、主图、摘要均决定了用户点击的意愿，因此新媒体文案会尤其重视这三块内容，而图文里的内容则决定了用户是否愿意分享。

(2) 文字消息。微信公众平台支持一次推送 600 字。一般而言，需要传达紧急消息提醒时采用直接推送文字的形式。文字较图文信息更直接快速，用户打开公众号即可直接看到所有内容，较为方便，但若文字太多，对于用户来说则是负担。

(3) 图片消息。微信公众平台支持一次推送一张图片，这是用户最快获取信息的途径，一般会用于发布活动提醒、新品发布倒计时、节假日问候图等。

(4) 音频消息。微信公众平台支持 60 秒语音。语音会让人感觉品牌更有温度，如"罗辑思维"的每天 60 秒语音，能够让人直观地感受到创始人罗振宇的个人品牌温度。对于不方便看图文的人来说，可以在做其他事情的时候顺便点开语音，但是对于不方便听语音的人来说，会失去一次信息传播的机会。一般来说，企业较少用语音的形式来传播信息。

(5) 视频消息。视频的表现方式更生动，但如果直接推送一个视频，对于用户来说略显突兀，常用做法是在图文中加载，用标题、主图、摘要吸引点击查看。

目前朋友圈广告审核还是比较严格的：不得出现违反新广告法的词汇，不得有诱导分享的词汇，所以文案写作还是比较考验文案工作者功底的，对于数据、证书、机构推荐、报道等方面需要提供书面证明，不能直接跳转到第三方网址，只能进入微信图文消息页面。

众所周知，朋友圈官方的广告是以展现的形式收费，按 150 元/千次的标准。如果想要花最少的钱获得最大的价值，就得在自己的用户画像上下功夫了。比如：有微网的用户受众为 25～40 岁，喜爱营销、微信、科技等属性。考虑到时间问题，笔者认为商业推广还是选择周一比较好，10 点是理想的时间。至于大家的用户是怎样的，还要具体事项具体分析。

大家在投放朋友圈广告的时候，无论是视频广告还是图片广告，都要注意文案的写法。文案写得好，效果可能会成倍增长；文案写得不好，可能不会有多少点击量。进入自己设置的微信广告消息，可以讲自己的产品和服务，通常将最吸引用户的东西讲出来；文字要精简，最好三言两语就可以讲明白，让用户明白这个广告的目的，如果对产品感兴趣，就可点击进入详情页，接着看下一步的内容。

如果预算有限，投放的微信朋友圈广告落地页只能是微信图文内容。微信朋友圈广告是不允许落地页链接到外部链接的(也就是你自己的页面),如果想要用户点击进入自己的页面,可以做成页面形式放到微信文章里,让用户看到感觉像是一个页面,然后投放到服务号的文章里。服务号文章可以直接插入链接,用户可以直接点击进入自己投放的页面。再者可以利用阅读原文的功能,将投放的页面设置到阅读原文里,尽可能地将用户吸引到投放的页面。

3. QQ 空间的特点及基本广告运用

2014 年,小米手机在 QQ 空间首发红米,首发的一瞬间有超过 500 万用户涌入了 QQ 空间的红米首发页面,最高峰值一度达 80 万人/秒。此前,已经有约 1500 万用户参与了签到预约,小米由此创造了国内手机品牌社交网络预售的全新纪录。

企鹅智酷曾发布调查,"80 后""90 后""00 后"分别在微信朋友圈、微博、QQ 空间的占比较大,由此可见,QQ 空间是年轻人最主要的聚集地。

若企业产品目标人群主要为 25 岁以下的年轻人,则可将主要营销阵地设置在 QQ 空间。QQ 空间相当于一个更有利于互动的官方网站,融合了微博的开放性以及微信的熟人社交互动。

QQ 空间的主要广告功能如下。

(1) 说说。说说相当于一条微博,但字数可达万字,并且同微博功能一样,可加载表情、提醒(@)好友、引起话题,以及附图、附视频等,如图 4-32 所示。小米手机的预热重点运用了此功能,用户在 QQ 空间发布一条说说,向好友集齐 32 个赞,便能抽取 3 次预约机会。这种熟人圈子营销很"接地气",最终约有超过 1 亿用户参与点赞。

图 4-32

(2) 相册。相册可用于分别展示产品广告图以及各种活动图片,主要用于做产品宣传及企业品牌形象的宣传。

(3) 日志。日志相当于微信的图文信息,同样可配音乐、配图、配视频,可将重要的信息留存下来以供不同时期关注的用户翻阅。

除以上 3 个主要功能外,还可运用相关的互动功能为品牌的官方 QQ 空间吸引人气,如利用"签到功能",举行签到有礼等活动。

4.7.3 社交平台发布广告的注意事项

各个社交平台的功能都会不断升级,因此,作为新媒体文案应时常关注功能优化及新增信息，尽可能在工作中将每个平台的每个功能都运用一遍，有助于未来做相关活动时能够立刻懂得如何去实现，在哪个平台更适合。

对于大部分企业来说，微博的传播属性更有利于做事件传播及吸引更多的新用户；微信强大的社交属性更适合用于做一对一的信息推送以及客户管理；而 QQ 空间则主要用来吸引年轻人。在发布信息时需要注意以下几点。

（1）契合对应的时间点发布信息。周一至周日，企业热衷于周一发微博，但用户却更愿意在周三、周四进行评论和转发。此数据虽为微博数据，但对社交网络仍具有一定参考性。

（2）发布的所有内容应均与自身品牌相关，语言风格也应契合品牌人格设定，如做眼镜的品牌原本设定的是专业的品牌形象，则不适合用过于年轻化的语言去传达信息，而应处处彰显品牌的专业度，如教人如何挑选眼镜、正确用眼的注意事项等。

（3）禁止出现错别字。社交网络上的每条信息都代表着品牌的形象，错别字会影响品牌形象，因此应在每条信息编写后首先检查错别字。

（4）精心设计每个细节。要注意标点符号、图片的清晰度，甚至是图片数量的选择，尽量避免发布后的视觉效果有缺陷。例如，发布 9 张图片会形成完善的整体效果，如果发布 7 张，则会在图片位置留有空缺，影响美观度。

（5）编辑完整段文案或图文时，先大声念一遍，以确定整篇文字语句通畅，无语法错误，然后发给同事或朋友查看，询问是否有疑问，以了解自己的信息是否传达得足够清晰。

（6）就新鲜度来说，推荐广告主以 5~7 天为周期更新素材，如果实在是资源有限，也不要超过两周进行更新，毕竟用户长时间看到同一条广告是会感到厌倦的，一旦厌倦就更不可能点击了。

（7）如果你的推广涉及金额，不妨把金额、数量或者是折扣的百分比写出来，给用户一个直观的视觉上的引导，淘宝的内部研究发现，这一点能给广告主降低 40%的推广成本。

（8）要多平台交织配合投放广告。目前主流的信息流广告，不管是广点通、百度信息流、微博还是头条，都可以根据兴趣、地域、性别、爱好等的标签来将广告推送给潜在受众用户，瞬间获得大量曝光，多平台交织配合起来的大网，流量矩阵可轻易形成。

（9）DSP 广告变现的效果其实更多的是大数据，把用户行为、兴趣、爱好收集得越详细，兴趣标签设置得越多的广告平台，越容易精准挑选出目标受众用户，微信朋友圈和头条广告的推送精准程度，让人咋舌。

小平台的用户垂直、干净，如在情侣类的社交产品投放婚纱摄影、在记账类产品投放一些与理财相关的广告，效果往往让你喜出望外。

第5章 新媒体文案的标题与布局

本章主要介绍撰写文案标题的技巧和如何进行文案布局方面的知识与技巧。通过本章的学习,读者可以掌握新媒体文案标题与布局方面的知识,为深入学习新媒体文案知识奠定基础。

5.1 撰写文案标题的技巧

本节导读　在撰写软文之前，首先应该明确其主题，并以此拟定标题，从而使得标题与内容能够紧密相连。无论撰写软文的主题内容是什么，最终目的还是吸引用户去阅读、评论及转发，从而带来软文外链。本节将详细介绍福利式、趣味性等软文标题的撰写方法。

1. 福利式标题

福利式标题是指在文章标题上向读者传递一种只要"阅读这篇文章你就赚到了"的感觉，让读者自然而然地想要去阅读文章。一般来说，福利式标题准确把握了读者贪图利益的心理需求，让读者一看到"福利"的相关字眼就会忍不住点击阅读文案。

福利式标题的表达方法有两种：一种是比较直接的方式；另一种则是间接的表达方式。虽然方式不同，但是效果却相差无几，具体如图 5-1 所示。

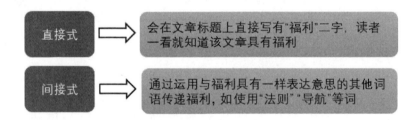

图 5-1

值得注意的是，在撰写福利式标题时，无论是直接式还是间接式，都应该掌握如图 5-2 所示的 3 个技巧。

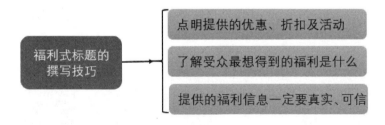

图 5-2

福利式标题通常会给读者带来惊喜之感，试想，如果一篇专家提醒软文的标题中或明或暗地指出文中含有某种福利，你难道不会心动吗？福利式标题既可以吸引读者阅读文章，又可以为读者带来实际利益，一举两得。

由于福利式标题有两种不同的表达方式，因此也有两种不同的案例，不同的标题案例有不同的特色。下面来看这两种不同的福利式标题的经典案例，图 5-3 所示为直接式福利标题，图 5-4 所示为间接式福利标题。

图 5-3

图 5-4

这两种类型的福利式标题虽然稍有区别，但本质上都是通过"福利"来吸引读者的眼球，从而提升文章的点击率。

福利式标题虽然容易吸引读者的注意力，但在撰写时也要注意，不要因为侧重福利而偏离了主题，而且最好不要使用太长的标题，以免影响文章的传播效果。

2. 趣味性标题

趣味性标题是指通过一些充满趣味性的词语来点缀标题，从而使标题给人一种轻松愉快的感觉。这种趣味性的标题能够营造出愉悦的阅读氛围，所以即使文章传递的内容是产品宣传的广告，也不会让读者很反感。

一篇带有趣味性标题的软文往往是受人瞩目的，但如何在标题中加入趣味性元素也是一个不小的难题。趣味性的标准是什么？如何寻找趣味性？笔者将其技巧总结为如图 5-5 所示的 3 个要点。

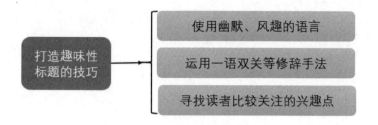

图 5-5

趣味性标题一方面可以有效吸引读者的眼球;另一方面还可以让读者产生愉悦的阅读感受,从而进一步扩大软文的传播范围。

趣味性标题往往能够在短时间内锁定读者的目光,特别是标题中的幽默字眼容易引起注意。图 5-6 和图 5-7 所示为"上海译文"和"吃货研究所"发布的趣味性标题。

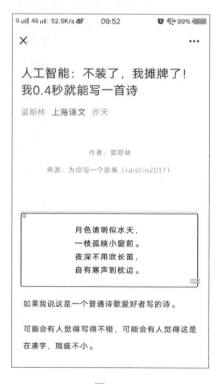

图 5-6

图 5-7

"上海译文"标题的趣味性体现在"热点+拟人"的结合,"人工智能""0.4 秒就能写一首诗"等词语,会勾起人们的好奇心,促使人们点击查看文章。而"吃货研究所"的趣味性标题则采用比喻和谐音的手法,将当代互联网磕 CP 的追星女孩与准备买的柿子进行关联,读到标题的读者都会会心一笑,继而对文章产生兴趣,吸引读者点击查看。

3. 速成型标题

速成型标题是指向读者传递一种只要阅读了文章就可以掌握某些技巧或者知识的信心。"速成",顾名思义,就是能够马上学会、得到。

这种类型的标题之所以能够引起读者的注意,是因为其抓住了人们想要从文章中获取实际利益的心理。大多数读者都是带着一定的目的阅读文章的,要么是希望文章中含有福利,如优惠、折扣,要么是希望能够从文章中学到一些有用的知识。因此,速成型标题的魅力是不可阻挡的。

在打造速成型标题的过程中,往往会碰到这样一些问题,比如"什么样的技巧才算速成?""速成型的标题应该具备哪些要素?"等。那么,速成型标题到底应该如何撰写呢?笔者将其经验技巧总结为如图5-8所示的3个要点。

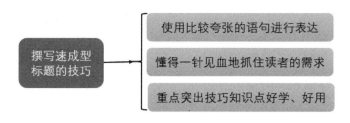

图 5-8

值得注意的是,在撰写速成型标题时,一定不要提供虚假的信息,比如"一分钟一定能够学会这样××""三大秘诀包你××"等速成型标题,虽然需要添加夸张的成分在其中,但要把握好度,要有底线和原则。

速成型标题通常会出现在技术类的软文中,主要是为了向读者提供实际好用的知识和技巧。图5-9和图5-10所示为速成型标题的典型案例。

"WPS 会员"发布的文章标题明显是干货内容,而且还借用数字的形式为速成型标题添彩。"小玲美食记"的标题则是倾向于提供简单新奇的和馅方法,也是速成型标题的一种形式。

读者在看见这种速成型标题的时候,就会更加有动力去阅读文章里面的内容,因为这种类型的标题会给人一种学习这个技能很简单,不用花费过多时间和精力的印象。因此,大多数读者会选择相信这个标题,进而阅读文章内容。

4. 负面体标题

负面体的微信、App 和自媒体平台文章标题并不是指传播负面能量,而是指在标题上揭示大众在某件事情上遇到的难题,然后在标题上提出解决措施。负面体的标题可以给读者带来启示,使其与自己的实际情况进行比较,从而引发读者阅读的欲望。

负面体标题往往出现在技巧经验分享类的文章里,它一般能够有效地引起读者的好奇心,从而提升文章的点击率。那么,该如何撰写负面体标题呢?笔者总结了如

图 5-11 所示的 3 个技巧。

图 5-9

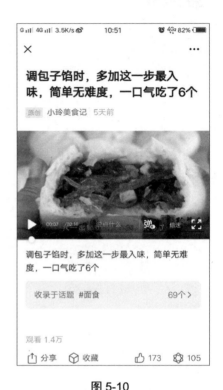

图 5-10

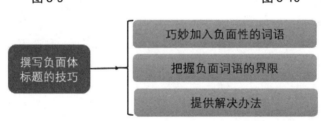

图 5-11

负面体标题促使读者"见不贤而内自省也",侧重于展示不好的信息,从而吸引读者阅读。

无论是在微信公众平台,还是在各大电商平台,都可以看到负面体标题的身影。图 5-12 所示为负面体标题的典型案例。

"企鹅吃喝指南"上的这则负面体文案的标题是通过负面性的词语来打造的,比如"致癌",相信很多读者会担心吃了薯片致癌的问题,而这些恰好是他们共同的痛点。

这样的标题虽然让读者眉头紧锁,但同样也为读者提供了解决方案,文章中就如何避免这些问题和克服这些缺陷做出了详细的解释。这就是负面体标题强大力量的体现。

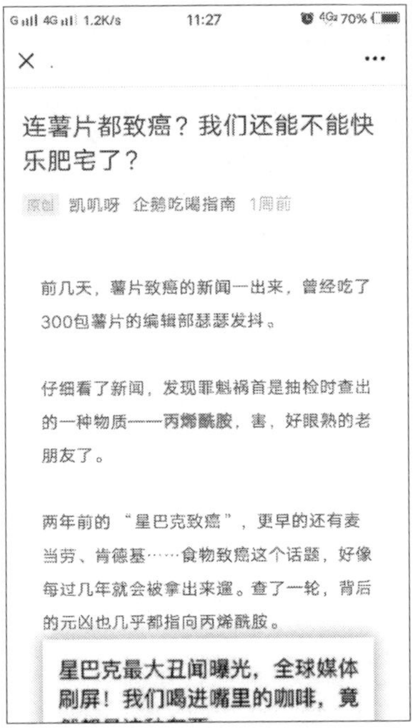

图 5-12

5. 专业性标题

专业性标题是指在标题中嵌入某个方面的专业性词语，让文章看起来更加专业，从而更好地传递专业价值。

专业性标题能够吸引那些跟专业名词相关的读者，从而达到精准吸粉的目的。这样得来的读者群能够给微信公众号带来更大的价值，而且这种粉丝的追随度会比其他的粉丝更高。那么，具体应该怎么打造专业性标题呢？笔者将其技巧总结为如图 5-13 所示的 3 个要点。

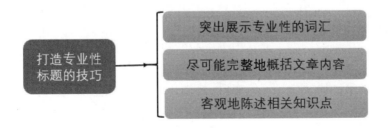

图 5-13

专业性标题是针对比较专业的文章内容而设计的，找到目标读者即可，优质的读者比浏览两眼就走的读者更有价值。因此，不必太过担心标题晦涩难懂、刻板无趣无法吸引大量的读者。

一般来说，专业性标题不怎么显眼，而且营销的意味也不浓厚，偏向于中规中矩。图 5-14 所示为微信公众平台上的专业性标题案例。

图 5-14

值得注意的是，这种专业性标题相对于其他类型的标题来说，其关注度会偏低一点。因为专业性使得其受众范围变小了，但是对微信公众号运营者来说也并不是一件坏事，宁缺毋滥就是对这种现象最好的解释。

6. 新闻式标题

新闻式标题的特点是正规权威、严肃认真，形式则比较多样，有单式标题和复式标题之分。这种类型的标题主要适用于企业的官方新闻，用于宣布比较正式和严肃的事件。

新闻式标题虽然比较常见，但想要撰写出一个正规的新闻式标题也不是那么容易的，只有掌握了如图 5-15 所示的 3 个要点，才能达成目标。

新闻式标题的特点是一针见血、具有权威性。图 5-16 所示为"盘锦港集团有限公司"发布的新闻式标题。

从标题案例中可以看出，新闻式标题稍有趣味可言，而且大多包括了文章的大致内容。如《【视点新闻】盘锦港党委组织开展中心组学习》一题，就点明了对象、时间等重要内容，让读者看一眼就知道文章要讲什么，直截了当也是新闻式标题的重要特征之一。

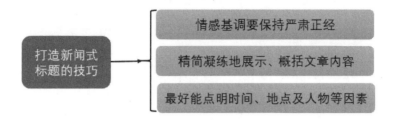

图 5-15

图 5-16

7. 观点式标题

观点式标题是以表达观点为核心的一种标题撰写形式,一般会在标题上精准到人,并且把人名镶嵌在标题之中。值得注意的是,这种类型的标题还会在人名的后面紧接对某件事的个人观点或看法。

观点式标题比较常见,而且可使用的范围也比较广泛,常用格式有如图 5-17 所示的 5 种。

当然,格式是一个比较刻板的东西,在实际的标题撰写过程中,不可能完全按照格式来做,只能说它可以为我们提供大致的方向。那么,在具体的观点式标题撰写时,有哪些经验技巧可以借鉴呢?笔者将其总结为如图 5-18 所示的 3 个要点。

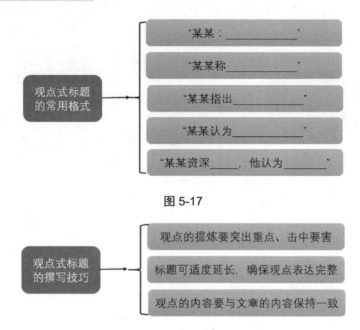

图 5-17

图 5-18

微信公众号"环球人物"发布的公众号文章,运用的就是典型的观点式标题,如图 5-19 所示。文章标题运用观点形式,即"某某:_____",某某后面是观点的展示,同时这个观点也是与文章的中心思想相互映衬的。

图 5-19

观点式标题的好处在于一目了然，"人物+观点"的形式往往能在第一时间引起读者的注意，特别是当人物的名气比较大时，更容易提升文章的点击量。

8. 建议式标题

建议式标题就是文章创作者通过标题给读者传递一种实用的方法和建议，从而让读者清晰地了解文章的主体内容。此外，这种标题还能够以传递知识为噱头，有效吸引读者的注意力。

不管是直接的建议还是间接的建议，这种形式的标题都比较容易引起读者的注意，因为大多数读者都想从别人那里得到关于生活、工作及学习等方面的指导和建议。因此，建议式标题是比较受欢迎的。

当然，在撰写这类标题时，也不能生硬地着重突出"建议"二字，更重要的是让读者知道文章的内容对他们而言是有利可图的。那么，具体应该怎么打造建议式标题呢？笔者将其方法总结为如图 5-20 所示的 3 个要点。

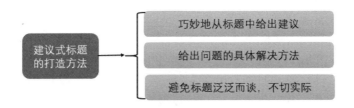

图 5-20

图 5-21 所示为建议式标题的典型案例。

图 5-21

5.2 如何进行文案布局

本节导读　一篇文章的精华是什么？有的人说是标题，有的人说是正文，有的人说是格式，各执己见。一篇真正受到读者欢迎和青睐的文章，是少不了细致精美的内容布局的。内容布局可以决定一篇文章的点赞量。

1. 纯文本文章的布局

纯文本的内容布局，指的是整篇文章除了那些邀请读者关注该微信、App 以及自媒体平台的图片或者是文章尾部的二维码图片外，文章中所要表达的内容都是用纯文字进行描述的，没有嵌入任何图片。

在微信、App 以及自媒体平台上，有这种形式的正文存在，但不是特别常见。因为这种形式的正文，如果它的字数很多、篇幅很长，就非常容易引起读者的阅读疲劳以及抵触心理。所以，微信公众号、App 以及自媒体平台经营者在推送文章的时候，用这种形式来传递正文的不是太多。

而且这种纯文字式的正文内容布局，对文章本身的内容要求也比较高，如果质量不佳且字数偏多，就会引起读者的反感，有的读者甚至会读到一半就放弃阅读。那么，纯文字式的文章内容要达到怎样的要求才能吸引读者的目光呢？笔者将其主要的要求总结为如图 5-22 所示的 3 个要点。

图 5-22

纯文本的文章内容一方面比较容易打造，因为形式单一，不需要花费太多心思设计；另一方面又不太好打造，因为想要通过纯文字的内容来吸引读者眼球，对文字功底和讲故事的能力要求是非常高的，读者的注意力都集中在文字上。

因此，纯文字的正文内容布局形式有利有弊，主要看撰写者怎么把握、怎么去布局及编排。

纯文本的内容布局虽然比较单一，但也可以通过分节、变换字体颜色等方式来引起读者的注意。长篇幅的文字或多或少都会使读者产生阅读的不适感，因此，适当地对文章排版进行调整是必要的，这也是拯救纯文字文章内容的一种办法。

2. 图片式文章的布局

图片式正文指的是在整篇软文中，其正文内容都是以图片表达的，没有文字或者文字已经包含在图片里面了。这种图片式文章内容也是比较常用的，特别是在各种促销活动中出现得比较频繁。

文案的正文内容都是通过图片的形式进行表达，有的直接是几张图片，有的则是图片中包含文字，但还是以图为主，文字为辅。图片式的内容布局其好处显而易见，主要在于如图 5-23 所示的 3 个要点。

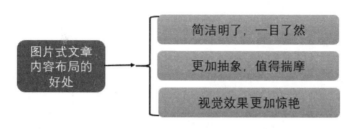

图 5-23

那么，通过图片传达文章内容有什么诀窍呢？是不是直接把图片发出来就好了呢？还是要经过仔细的考虑和分析？笔者认为，图片式的文章内容布局绝不会比文字式的文章内容布局简单，具体的技巧有如图 5-24 所示的 3 个要点。

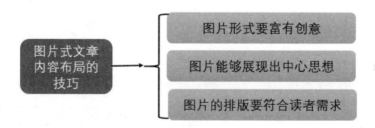

图 5-24

如图 5-25 和图 5-26 所示，该公众号推送的就是图片式的内容布局。它的正文内容都是以图片形式为主，以极具创意的方式将产品、图片及产品的描述文字结合为一体，给读者带来了一场视觉盛宴，留下了极为深刻的印象。

图片式的内容布局往往能够传达出更为直观和生动的品牌理念、产品特色及企业文化，对于偏向商业性的文章而言，这种形式是很实用的。不仅如此，从视觉效果的角度来看，图片也更加容易被读者接受。

图 5-25　　　　　　　　　　图 5-26

3. 图文结合式文章的布局

图文结合式，顾名思义，就是把图片和文字结合起来展示的一种形式。很多文章采用的都是图文结合式来传达正文内容，这种形式最为常见，也比较实用。

微信、App 以及自媒体平台正文的呈现形式可以是一张图，也可以是多张图，这两种不同的图文形式，呈现出的效果也是不一样的。那么，在打造这样的内容布局时，应该掌握哪些要点呢？笔者将其总结为如图 5-27 所示的 3 点。

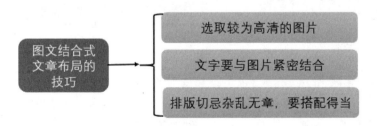

图 5-27

前面提到过，图文结合式分为两种呈现形式：一种是单张图片；另一种是多张图片。两种形式传达出来的效果各有千秋，下面具体介绍。

(1) 单张图片,"万花丛中一点绿"。

如果微信、App 以及自媒体平台发布的是一张图消息,那么点开文章,可以看见的是一张图片配一篇文字,如图 5-28 所示。

"NASA 美国航空航天局"发布的这篇名为"哈勃望远镜拍摄到一幅 5 亿颗恒星的惊人合照,是否引发你内心的'存在危机'"的文章,就只有篇头的一张图片作为文字的点缀。这张图片的作用在于吸引读者的注意,同时也是为了让本来比较复杂的文字内容更容易被读者理解。

(2) 多张图片,"图文相间更规律"。

如果微信、App 以及自媒体平台发布的是多张图的消息,那么点开文章看见的就是一篇文章中配多张图片。图 5-29 所示为"文杰书院"公众号推送的多张图呈现的软文正文。

图 5-28

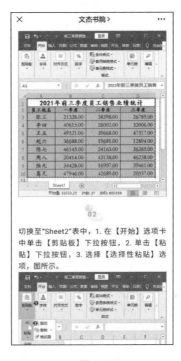
图 5-29

多张图片的形式适用于展示产品、风景及人物等内容,一张图片后跟一段文字,可以对图片中的内容进行介绍和讲解,让读者看得更清楚、更明白。当然,图文结合式也要注意排版的合理性,文字和图片的大小、位置要符合读者的阅读习惯。

图文结合的内容布局形式更加直观形象,一方面不至于太过单调、呆板;另一方面又没有那么花哨,让人眼花缭乱、应接不暇。总的来说,图文结合式不仅是最常用的内容布局形式,而且也是最受欢迎的内容布局形式。

4. 视频式文章的布局

通过视频形式传递微信、App 以及自媒体平台正文是指各大商家可以把自己要宣传的卖点拍摄成视频，发送给广大用户群。它是如今比较热门的一种传递微信、App 以及自媒体平台正文的形式。

与文字和图片相比，视频更具备即视感和吸引力，能在第一时间快速地抓住受众的眼球，从而达到理想的宣传效果。具体而言，视频式文章有如图 5-30 所示的 3 个优点。

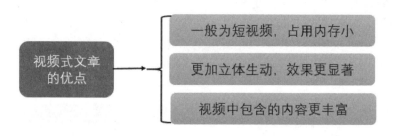

图 5-30

视频式的内容布局重点在于视频的拍摄、选取及上传，那么，在上传视频之前应该检查哪些事项呢？笔者将其总结为如图 5-31 所示的 3 个要点。

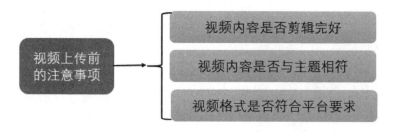

图 5-31

做好相关的准备工作后，就可以在平台上发布视频了。以微信公众号为例，首先将视频上传到微信公众平台上，保存到素材库中，然后在发布视频时选择"从素材库中选择"选项，或者将视频保存到计算机中，最后通过"新建视频"选项来添加视频，添加视频的页面如图 5-32 所示。

以微信公众平台"日食记"为例，它每周都会为用户推送一条 5 分钟左右的原创做菜视频，图 5-33 和图 5-34 所示为"日食记"推送的视频内容。

从"日食记"推送的内容可以看出，其内容布局都是一致的，即标题之后紧跟视频，而且视频的大小一般都保持在固定的范围。短视频的好处是可以有效吸引读者的眼球，但也有其不足，那就是当读者处于没有 Wi-Fi 覆盖的环境时，考虑到流量费用的昂贵，可能会对观看视频有所顾虑。

视频式的内容布局有时单独出现，但有时也会与文字图片等形式结合展示，以充分展示文章内容，传递思想价值。

图 5-32

图 5-33

图 5-34

5. 综合式文章的布局

微信、App 以及自媒体平台运营者除了运用上述几种类型的方法向读者传递微信公众平台正文外，还可以通过一种比较综合的形式来传递正文内容，即结合前几种形式的特色于一体的综合混搭式。

顾名思义，综合混搭式就是将上述传递平台正文的 4 种形式中的一部分综合起来，运用在一篇文章里。

综合式文章可谓是集几种形式的特色于一身，兼众家之所长。这种形式能够给读者极致的阅读体验，让读者在阅读文章时不会感到枯燥乏味。微信、App 以及自媒体平台运营者运用这种形式传递正文能够为自己的平台吸引更多的读者，增加平台粉丝的数量。

那么，在打造此种内容布局的过程中，应该如何下手呢？各式各样的形式，文字、图片、语音及视频等的混搭绝不是指胡乱地搭配，那么，具体应该怎样做呢？笔者将其技巧总结为图 5-35 所示的 4 点。

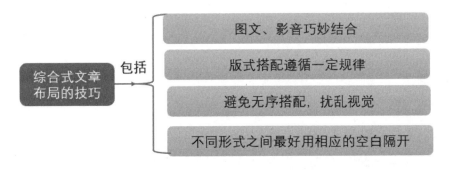

图 5-35

微信、App 以及自媒体平台是通过综合形式向读者传递正文内容的，并不是指在一篇文章中要出现所有的形式，只要包含 3 种或者 3 种以上形式就可以被称为是以综合形式传递正文。

目前，将每种形式都包含在一篇文章里面的微信公众号不是很多，但一篇文章中包含 3 种或 3 种以上形式的还是比较常见的。这样的形式让内容显得更加丰富多彩，也更加容易吸引读者的注意。

综合式文章布局有几种不同的搭配形式，如"图片+文字+语音""图片+文字+视频""图片+文字+动图""图片+文字+动图+视频"等。下面就一一展示这些综合式的文章内容布局，让我们一起从案例中欣赏形式之美。

(1) "图片+文字+语音"，层次井然。

如图 5-36 和图 5-37 所示，首先映入读者眼帘的是文章的题目。然后是语音，也就是编辑者插入的背景音乐，紧接着是一张图片，最后是文字描述。这 3 种形式虽然同时在一篇文章中出现，但没有给人带来一点不适的视觉效果，反而给人一种层次分明、秩序井然的感觉。

图 5-36

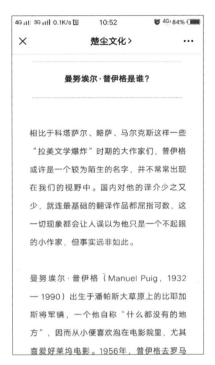

图 5-37

值得注意的是，语音一般分为两种：一种是背景音乐，即上述例子中提到的；另一种是创作者的录音，通常是创作者编辑的。

(2)"图片+文字+视频"，全面呈现。

"小鹿茶"推送的"聆听全世界爱的故事"，运用的就是"图片+文字+视频"的形式，如图 5-38 和图 5-39 所示。

这种形式更容易展示出全面的文章内容，文字作为引子，然后是视频的展示，后面是图文结合。图文结合的形式是对视频的延续和拓展，对视频进行了较好的补充。

有的读者在看完视频后，可能不会马上抓住文章的重点，这个时候再通过图片和文字来讲述文章的中心思想，在读者理解文章内容的时候就不会那么费力了。

(3)"图片+文字+动图"，生动活泼。

"Tiffany 蒂芙尼"推送的文章就是运用"图片+文字+动图"的形式，如图 5-40 所示。从图中可以看出，这种形式实际上与图文结合式没有什么两样，只不过多了一种动图的形式，能够更加生动、形象地展示动画。

(4)"图片+文字+动图+视频"，各司其职。

以"肯德基"推送的文章为例，如图 5-41 所示，就是通过"图片+文字+动图+视频"的形式来呈现文章内容的。

图 5-38　　　　　　　图 5-39　　　　　　　图 5-40

图 5-41

第6章　新媒体文案的配图与排版

　　本章主要介绍品牌头像设置、文章主图设置、文章侧图设置、图片颜色搭配等方面的知识与技巧，同时还讲解设置栏目分类、设置界面功能、设置项目等方法。通过本章的学习，读者可以掌握新媒体文案配图与排版方面的知识，为深入学习新媒体文案知识奠定基础。

6.1 新媒体文案如何配图

本节导读

企业要想打造阅读量上 10 万的软文，就必须依靠软文的视觉功能，通过图片吸引用户的眼球，来获取阅读的点赞量。本节主要介绍新媒体文案配图的知识，包括品牌头像配图、文章主图、文章侧图、图片颜色搭配、图片尺寸以及图片数量等内容。

6.1.1 品牌头像设置

说起新媒体运营企业的头像，那是非常重要的一个标志，一幅优秀、吸引眼球的头像胜过千言万语，它能给读者视觉上的冲击，达到文字所不能实现的效果，也能为软文的阅读引来千万流量。下面为大家介绍头像设计的相关知识和设置方法。

一般来说，一些主观的设计、思想等之所以存在，就在于它具有某方面的作用和价值。关于头像设计的作用，主要包含两个方面：一是能吸引读者的注意力；二是具有扩大传播品牌的作用，其最终目的是为平台引入更多的流量。

从头像设计的作用出发可知，无论是自媒体人还是新媒体企业，都必须重视企业品牌头像的设计。那么，什么样的头像能帮助企业吸引到更多的读者粉丝呢？粉丝越多，文章的打开率、阅读量就越高。依笔者看来，好的头像应该具备如图 6-1 所示的 3 个特点。

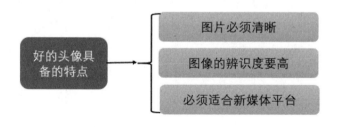

图 6-1

那么，应该如何达到这些头像设计的标准？清晰的图片、辨识度高的图片又应该去哪儿找呢？笔者将为大家逐一介绍。

要想采用清晰的图片作为头像，只要保证图片是原图就行。而辨识度高则依赖于设计者的能力，一般自媒体人和企业的头像主要来自于如图 6-2 所示的 3 条途径。

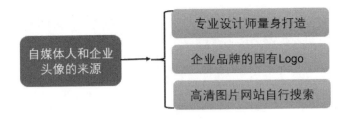

图 6-2

由此可见,头像的设计主要分为两大途径:一是原创;二是借用。笔者再次提供几个易用、安全的图片网站,帮助大家积累头像素材,如图 6-3 所示。

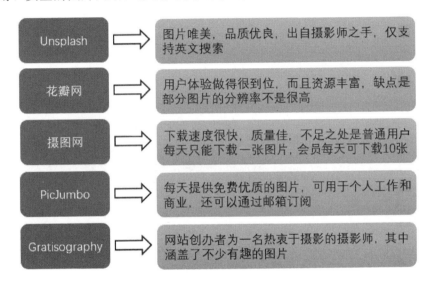

图 6-3

在这些图片网站中,不仅可以选取自己喜欢的图片作为头像,还可以从中挑选合适的图片插入文章中当作配图,可以说是一种资源多方利用。

如果是企业为了销售产品或者宣传品牌理念,那么其微信公众号头像的设置又另有技巧,具体如图 6-4 所示。

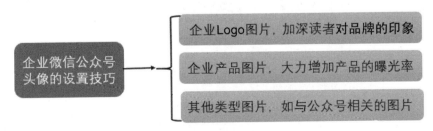

图 6-4

例如,"文杰书院"在微信公众平台的头像就是一个非常简单的中文印章字样,让读者、粉丝一眼就能在众多微信公众号中找到它,如图6-5所示。

图 6-5

6.1.2 文章主图设置

在介绍了新媒体中品牌头像的图片设计之后,接下来笔者将为大家介绍软文中封面主图的相关要求与技巧。

文章主图设置得好坏会影响读者点开文章阅读的概率,一张漂亮、清晰的主图能瞬间吸引读者的眼球,从而让读者产生进一步阅读的兴趣。在选取文章主图的时候还需要考虑图片的大小比例是否合适。比例适宜的主图,需要注意以下相关事项,具体如图6-6所示。

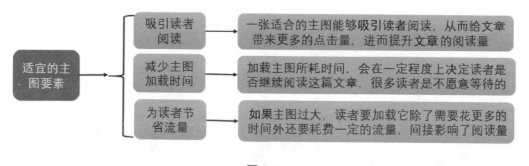

图 6-6

封面图片的重要性是不容忽视的,它给读者留下了第一印象,也是整体印象,因为图片往往比文字的影响力更强。

在选择文章主图的时候,最好遵循三大原则,即高清、独特以及紧贴文章内容,只有这样才能为文章增光添彩。同时,这也是吸引读者眼球的绝佳方式之一。

以微信公众号为例,文章的主图指的是打开一个公众号时,文章列表中每篇文章都会配的一张图片。文章所配的图片大小是不一样的,只有头条文章所配的图片比例是最大的,这张图片才能被称为文章主图或者封面,如图 6-7 所示。

图 6-7

6.1.3 文章侧图设置

文章的侧图指的是微信、App 以及自媒体平台文章列表中除了头条文章之外的文章所配的图片,侧图的显示比例和大小比主图要小很多,但侧图也能体现文章的主题思想,展示软文的核心内容。

很多创作者认为侧图的作用不如主图重要,因此在选择侧图时不那么用心,结果造成阅读量下降。实际上,侧图也是文章的一个组成部分,它的价值和作用也是不容忽视的。

虽然很多时候主图掩盖了侧图的光芒,但侧图仍有自己的特色和亮点。那么,文章中的侧图又应该如何挑选和打造呢?笔者将其技巧总结为图 6-8 所示的 3 点,供大家参考。

侧图是可以体现文章内容的,如果能让人一眼就看出文章要表达什么更好,使用表情包的作用也是快速吸引读者的注意,在这个充满新鲜元素的娱乐时代,幽默是最能引发共鸣的一种手段。

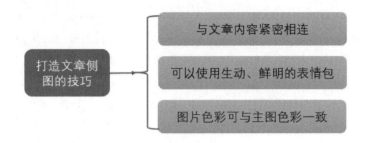

图 6-8

至于保持色系的一致，则是从读者的视觉体验角度出发的，比较相近的色彩搭配能够使读者的心情愉悦，从而愿意接受文章的内容。

虽然文章侧图所占比例较小，但是也不可忽视它的作用，它有着跟主图一样的作用，能提高文章的阅读量以及带给读者良好的阅读体验，使得微信公众号能获得更多的读者支持。图 6-9 和图 6-10 所示为"第十一诊室"和"营口在线"微信公众号发布文章的侧图效果。

图 6-9

图 6-10

6.1.4 图片颜色搭配

微信、App 以及自媒体平台运营者想要让自己的公众号图片吸引读者的眼球，所选图片的颜色搭配就要合理。色彩搭配是一门学问,图片的颜色搭配也需要仔细研究。

图片的颜色搭配合适能够带给读者一种清新、耐看的感觉,从而提升其阅读体验,得到美的享受。对微信公众号而言,一张图片的颜色搭配需要做到图 6-11 所示的 3 点。

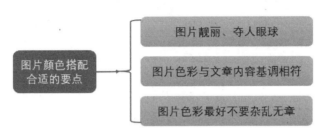

图 6-11

很多读者在阅读文章时都希望能有一个轻松、愉快的氛围,不愿在压抑的环境下阅读,而色彩明亮的图片就不会给人压抑、沉闷的感觉。

至于图片颜色与文章内容基调是否相符,也是在图片的细节处理中需要注意的问题。在微信、App 以及自媒体平台上的软文图片处理也是如此。如果公众号推送的内容是比较悲沉、严谨的,那就可以选择与内容相适应的颜色图片,比如偏深色系的图片。如果这个时候使用太过跳跃的颜色,就会破坏文章的整体效果。

一般来说,大多数公众号都会根据自己的固有风格或者推送的文章内容来决定图片的配色,目的就是让读者记住自己,留下深刻的印象。图 6-12 和图 6-13 所示为"粉星种草鸡"和"杜绍斐 DUSHAOFEI"推送的文章配图颜色搭配。

图 6-12

图 6-13

从图片中可以看出,"粉星种草鸡"的图片颜色明显属于靓丽夺目一类,由于公众号受众大多为年轻女性,每篇文章都会配有女明星的照片,有力地冲击了读者的视觉,第一时间就抓住了她们的注意力。而"杜绍斐 DUSHAOFEI"公众号的受众是具有一定消费能力的中高端人群,所以配图的色调也是大片质感的沉稳商务广告风格。

6.1.5 图片尺寸设置

图片除了需要注意颜色的选择外,还应该选择合适的尺寸。因为一张合格、优质的图片,不仅要协调、柔和,还要看得清,且尺寸大小符合读者的预期。

"图片尺寸"实际上指的不仅仅是图片本身的尺寸(即像素),同时还代表着排版中的图片展示。软文中的图片在排版中的尺寸大小一般都被限制在了固定的范围之内,不可能做太大的调整。因此,为了保持图片的清晰度,必须保证图片本身的尺寸大小,以提高图片的分辨率。

然而,图片高清显示的容量大小与读者点击阅读软文信息时的体验息息相关。因此,在保持图片的高分辨率不影响观看、顺利上传以及能够快速打开的情况下,怎样处理图片容量大小就成了一个十分关键的问题。我们可以点开高清大图,然后利用 QQ 的截图功能截取,可获得既高清容量又较小的图片。

6.1.6 图片数量设置

对于如何安排图片数量这一问题,根本的依据还是文章的内容。不同的文章有不同的体例、形式及侧重点,要想让图文完美搭配不是一件易事,那么,又该如何设置图片的数量呢?

图片数量大致可从两方面来理解,即公众号推送图文的多少和文章中排版所用图片的多少。下面将就这两个方面进行具体介绍。

1. 推送图文的多少,内容数量

推送图文的多少是指微信、App 以及自媒体平台每天推送文章的多少。细心的读者会发现,有的公众号、App 以及自媒体平台每天会发送好几篇文章。而有的微信、App 以及自媒体平台每天只会推送一篇文章,甚至隔几天或者一段时间才发一篇文章。

微信、App 以及自媒体平台推送的图文越多,所用的侧图就会越多;推送的图文越少,所用的侧图也就越少。值得注意的是,单图文推送和多图文推送的特色各异,具体如图 6-14 所示。

当然,也不排除有的多图文、文章篇数推送多的公众号也能够有效保证信息的价值性,因此不能绝对地说推送的文章少,质量就好;推送的文章多,就不具备可读性。

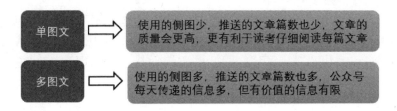

图 6-14

2. 文章排版所用图片的多少，配图数量

每个微信、App 以及自媒体平台都有自己的特色，有的在文章内容排版时会选择使用多图片的形式，有的则只会选择使用一张图片。这种多图片、少图片的排版方式会给读者带来不一样的阅读体验，它们的区别体现在图 6-15 所示的两个方面。

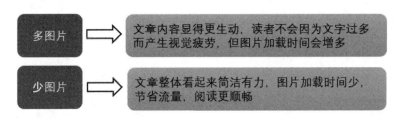

图 6-15

以微信公众号为例，首先从推送图文的多少来看，有的同一时间推送多图文消息，有的则只会推送一则消息，甚至很久都不发消息。图 6-16 和图 6-17 所示为"创客贴设计神器"和"95 分 App"推送图文数量的对比展示。

图 6-16

图 6-17

再来看文章排版所用的图片多少，微信公众号也会根据文章的内容对其进行不同的安排，图6-18和图6-19所示为"楚尘文化"和"最美应用"推送文章中所运用的图片，从图中可以看出"楚尘文化"的这篇文章只用了一张图片，而"最美应用"则采用了多张图片作为陪衬。

图 6-18

图 6-19

有的文章可能不需要太多的图片进行辅助说明，只是起到丰富形式的作用，那么只用一到两张图片就好；有的文章则必须有多张图片来解释说明，才能将文章内容传达给读者。这就是为什么要根据文章内容安排图片数量的原因。

6.1.7 图片的精修处理

企业、个人在进行微信公众号运营时，是离不开图片的点缀和美化的。图片是让微信公众平台的软文内容变得生动的重要武器，会影响文章的阅读量。因此，当企业或个人利用图片给文章增色的时候，也可以通过一些方法给图片"化妆"，让图片更加有特色，能吸引更多的读者。

微信公众号平台的编辑给图片"化妆"，可以通过多种方式使得原本单调的图片变得鲜活起来。那么，具体而言，有哪些方式可以让图片更加精美、更容易吸引眼球呢？下面为大家详细介绍两种方法。

1. 图片的拍摄设置，亮眼图片一招搞定

微信公众号平台使用的照片来源是多样的，有的微信公众号平台使用的图片是企业或者个人自己拍摄的，有的是从专业摄影师或者其他地方购买的，还有的是从其他渠道免费得到的。

对于自己拍摄图片的这类微信公众号运营者来说，只要在拍摄图片时，注意拍照技巧的运用、拍摄场地布局以及照片比例布局等，就能使图片达到理想的效果。如果对于摄影不是十分精通，也可以关注摄影类的公众号进行了解和学习。

2. 图片的后期处理，众多软件助力美图

微信公众号平台运营者在拍完照片后如果对图片不是太满意，还可以借助后期的力量对图片进行美化处理。现在用于图片后期处理的软件有很多，可以根据自己的实际技能水平选择图片后期处理软件，通过软件让图片变得更加夺人眼球。笔者在这里为大家介绍几款好用的后期处理软件，如图 6-20 所示。

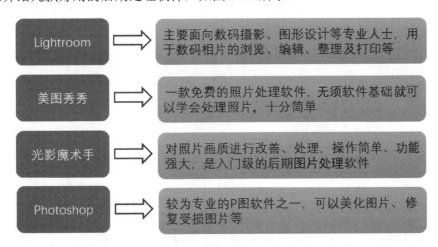

图 6-20

一张图片有没有进行后期处理，效果差距是非常大的，因此给读者带来的视觉效果也是截然不同的。如果使用一张没有经过任何后期处理的照片作为文章的陪衬，很有可能难以吸引读者的注意力，这时就需要对其进行精修和美化处理。

同时，在选择图片特效时，最好不要选择太夸张的效果，可以适当应用，调节到视觉上舒适的程度即可。

6.2 新媒体文案如何排版

本节导读 除了内容的优质和原创性外,文章的排版也是影响点击率和转发率的重要因素,只有将内容和版式相结合才能带给读者更佳的阅读体验,让他们成为媒体平台的忠实粉丝。在此将为大家介绍一些提升文章版式质量和阅读体验的知识和经验。

6.2.1 设置栏目分类

在微信、App 以及自媒体平台上,企业或个人如果要进行平台运营,首先就需要对平台界面进行栏目设置,以便对发布的文章进行分类处理。

为了让读者获得视觉上的享受,了解一些公众号栏目设置的要求是非常有必要的,这些要求具体包括 3 个方面,如图 6-21 所示。

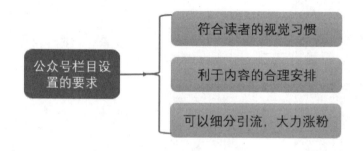

图 6-21

视觉是人类获取信息、观察事物的能力,在视觉所及的范围内,人们利用视觉能力所察觉到的结果是极具选择性的。这是因为在大脑的意识支配下,眼睛会根据已经形成的习惯对看到的事物和信息进行分类、筛选,最终形成视觉效果。

栏目设置作为艺术设计的一部分,是"眼睛"的艺术,读者在阅读文章时,会根据一定的视觉习惯对平台首页的栏目进行有目的性的选择。对于视觉习惯而言,其最重要的要求表现在两个方面(主要是针对视觉效果而言),即易理解和好使用。

在栏目设置上,同其他文本设置一样,要遵循一定的视觉习惯,这主要体现在两个方面,具体分析如图 6-22 所示。

不同的平台包含着不同的信息,因此它们的界面也有所区别。具体应该如何设置栏目的位置呢?笔者将其设置技巧和经验总结为图 6-23 所示的 3 点。

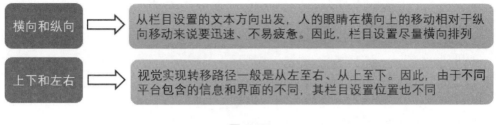

图 6-22

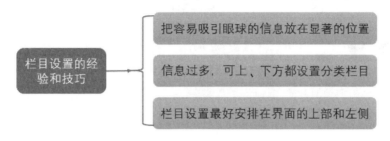

图 6-23

6.2.2 设置界面功能

界面功能的展示，最好能够为用户带来便利，让用户使用这些功能能快速地找到自己需要的信息。那么，界面的功能又应该如何来设置呢？如何为读者带来舒适的使用体验呢？

为了方便读者查看，界面功能的设置最好遵循 3 个标准，即简洁性、有序性及人性化，具体内容如图 6-24 所示。

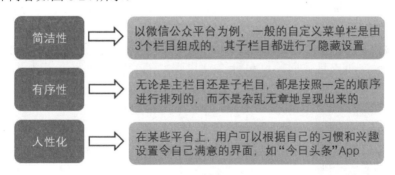

图 6-24

以"Fotor 懒设计"微信公众号为例，它的栏目设置就向用户提供了一些便利，如图 6-25 所示。首先，它是横向设置；其次，分类简洁，分别为"开始设计""设计学院"以及"其他"3 个栏目，而且简洁中又暗含秩序；最后，它的栏目设置有利于用户使用，不仅使人一目了然，而且还提供了活动、福利等内容，对于引流和变现有比较重要的促进作用。

图 6-25

6.2.3 设置项目

在微信、App 以及自媒体平台上，项目设置的目的在于清楚、全面地呈现内容，以便进一步吸粉引流，获得众多读者的青睐和支持，进而推广自己的账号、产品及品牌。

要想将项目设置安排得合理且实用，需要从两大角度来考虑，即"清楚"和"全面"。那么，这两点具体而言又是什么意思呢？笔者将其相关含义总结为如图 6-26 所示的两点。

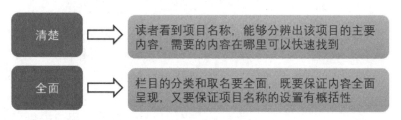

图 6-26

不难看出，"清楚"和"全面"只是项目设置总体上的要求，对于项目设置，还有更为具体和细化的要求，如图 6-27 所示。

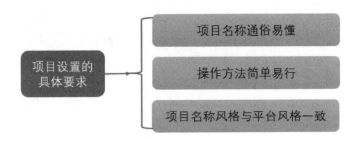

图 6-27

由于项目设置是为了更好地安排内容，吸引粉丝注意力，因此无论是内容上还是形式上都应该加入一些创新元素，以给读者眼前一亮的感觉。如果只是一味地照本宣科、沿袭已有的套路，那么就很难引起注意，更谈不上吸粉引流了。

以"海报时尚"微信公众号为例，其项目设置就比较富有特色，通过"BAO 好看""BAO 美啦"和"BAO 合作"三大板块来展示内容，如图 6-28 所示。"BAO 好看"主要包含了"海报街拍""时装搭配""护肤彩妆""海报独家"以及"海报 SHOP"等内容；而"BAO 美啦"则包含"好物商城""免费试用"和"社群福利"，以供读者消费；单击"BAO 合作"栏目会直接跳出一张图片，点开图片长按二维码即可识别二维码进行操作。这一公众号的项目设置不仅把内容安排得井井有条，而且还展示了自己专属的特色，成功吸引了读者的注意力。

图 6-28

6.2.4 开头排版设计

相信大部分人每天都会阅读微信公众平台推送的信息，只要认真观察就不难发现，每篇微信公众号发布的文章，开头的排版或多或少都运用了一些"小心机"来尽力吸引读者的眼球，增强其代入感，以更好地融入文章之中。

在新媒体平台上发布文章，版式设计是非常重要的，除了前面提到的栏目设置外，开头的设计也是不可忽视的，其具体技巧如图 6-29 所示。

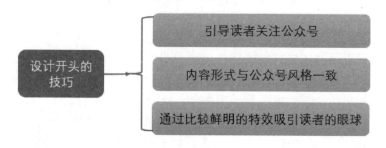

图 6-29

在开头引导读者关注公众号有许多不同的方式，这也是编辑创意的一种体现，比较常见的方式有如图 6-30 所示的 3 种。

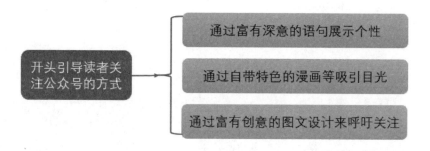

图 6-30

在使用特效吸引读者眼球时，有多种形式可以使用，如可爱的动图、炫酷的字体、五彩的字体颜色以及精美的图片等。

在微信公众号推送的文章当中，很多开头的设计都是富有特色的，一方面可以吸引读者的注意力；另一方面又能够引导读者持续关注公众号输出的内容，可谓两全其美。当然，在设计开头的时候，不仅要考虑吸粉的问题，同时还要从读者的角度出发，不要过度强调关注公众号的信息，以免引起读者的抵触心理。

以微信公众平台为例，各种各样的开头设计让人眼花缭乱，既给人带来了美的视觉享受，又达到了吸粉引流的目的，为成功推广文章和公众号打下了良好的基础。图 6-31 和图 6-32 所示为"住范儿"和"MOViE 木卫"推送文章的开头设计。

第 6 章　新媒体文案的配图与排版 | 145

图 6-31

图 6-32

从图中可以看出，"住范儿"采用的是图文结合的方式来设计开头，而且它的开头与其公众号风格十分吻合，一个房子剪影和一行为"装修小白扫盲指南"的介绍性文字，有力地吸引了读者的眼球，同时也容易在读者心中留下比较深刻的印象。

而"MOViE 木卫"微信公众号是以写影评为主的文字型公众号，因此其开头设计是以文字为主，除了最开头引导读者星标公众号外，接下来是关于正文内容的一段导语，可以让读者先大概了解文章主要讲什么。

再来看"知日"推送的文章开头设计，它是通过动感、形象的动态文字来展示的，如图 6-33 所示，不仅显示出了品牌名称，给读者留有印象，而且还展示了品牌的口号"专门关注日本，有关日本一切"。

6.2.5　字体设计

正文是一篇文章中占据篇幅最大的内容，因此字体的设计主要是针对正文而言的，如果正文的字体能够给读者带来舒适的视觉体验，那么读者对文章的整体印象也会加深，并提升不少好感。

图 6-33

字体是文字的一种形式，比较常见的有楷书、行书及草书等，不同的新媒体平台设置的默认正文字体都有所不同，同时，创作者也可以根据文章内容来设置形式各异的字体，以便给读者带来新鲜感。

在众多的新媒体平台上，文章的字体几乎都是跟随系统默认的，如楷体、宋体及微软雅黑等。那么，究竟应该如何设置字体才能给读者带来独一无二的阅读体验呢？以微信公众平台为例，字体的设置技巧有如图 6-34 所示的 3 个要点。

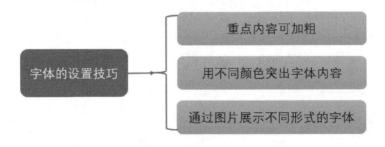

图 6-34

因此，如果想通过更改字体的方式来吸引读者的眼球，可以把重点想要突出的文字内容和图片融合在一起，如此一来，多样的字体形式就可以尽情展现了。

以"小鹿茶 luckintea"推送的文章为例,它的文字都是放置在图片里的,重点内容通过加粗的方式突出,如"冷萃厚牛乳""黑糖啵啵"等词语;每款奶茶还会搭配成品图片,在图片旁标注每个层次的原料;同时由于新推出的奶茶是芋泥系列,所以整体背景颜色以紫色和白色为主,契合主题。这样的正文字体设置比较符合读者的视觉习惯,既有层次感,又比较简洁大方,非常能吸引年轻女性的注意,如图 6-35 所示。

图 6-35

重点突出、层次井然的正文,自然要比平淡无奇、杂乱无章的正文更容易引起读者的兴趣,而这样高质量的正文是离不开字体的精心设计的,因此,学会设置正文字体至关重要。

6.2.6 字号设计

给文章的内容选择合适的字体大小,也是微信、App 以及自媒体平台运营者排版工作中需要考虑的一个问题。合适的字体大小能让读者在阅读文章时不用将手机离自己的眼睛太近或太远,而且能让版面看起来更和谐,更容易转发和传播。

在微信、App 以及自媒体平台后台的群发功能中,新建图文消息的图文编辑栏中设有字体大小的选择功能。

对于文章来说，对字号的要求主要是符合读者的阅读习惯和视觉期待，因此既不能太大也不能太小，具体原因如图 6-36 所示。

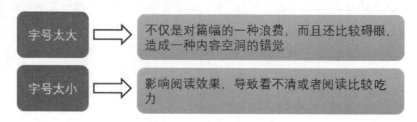

图 6-36

那么，文章中的字号到底设置为多大比较好呢？根据笔者的经验，字号效果比较好的是 14 像素和 15 像素，除了个别视力不佳的读者可能会觉得看起来有点吃力之外，这个大小的字号符合大部分读者的视觉习惯。

字号的设计既是美感的问题，也是实用的问题，如果一篇文章专家提醒的字号大小不一，不是过大就是过小，那么就很难吸引读者的眼球。因此，掌握设计字号的技巧是至关重要的。

以微信公众号文章编辑为例，它的字号大小设置就比较简单，而且操作便捷，如图 6-37 和图 6-38 所示，不同大小的字体展示效果显著。具体的排版方式在后面的内容中会进行详细讲解，这里暂且不提。

图 6-37

图 6-38

再来看字号设计在手机客户端的展示效果，以"小仙女酱"推送的文章为例，它的字号给人带来的视觉效果就比较好，如图 6-39 所示。

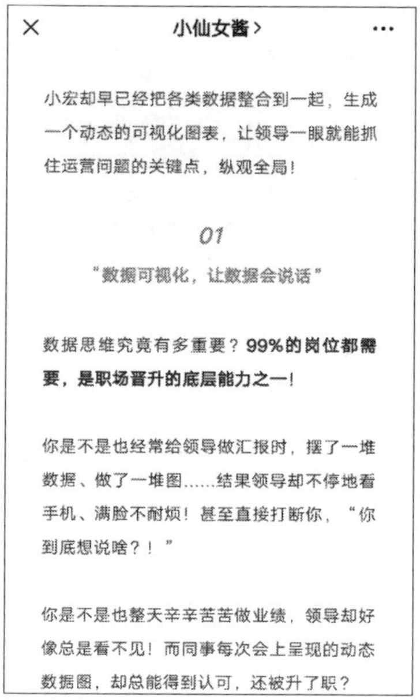

图 6-39

一方面是看起来毫不费力；另一方面还有重点的突出和颜色的区分，通过蓝色、加大、加粗和斜体的字号区分开小标题和正文，给人干净利落、有条理的感觉，同时比较重要的语句会进行加粗。

6.2.7 正文排版设计

在文章排版设计的过程中，有两大要点值得注意：一是整体的风格；二是字体的间距。文字之间的间距设计是排版中的重点，尤其是对于大部分用手机浏览文章的微信用户来说。

对于排版设计的整体风格而言，可以从其他排版优秀的公众号中总结经验，汲取它们中的优点，再根据自己的情况建立起属于自己的排版体系。

同时，在看见新颖、漂亮的版式排版素材时，也可以将其收藏起来，建一个属于自己的素材库。这样不仅丰富了版式资源，而且还可以节省很多寻找版式素材的时间，有效提高工作效率。文字间距要适宜指的是文字 3 个方面的距离要适宜，具体如图 6-40 所示。

首先来看字间距，它会影响读者的阅读体验，也会影响整篇文章篇幅的长短，图 6-41 和图 6-42 所示为"默认"字间距和"2"间距给人的不同视觉效果。

其次是行间距，它代表着每行文字纵向的距离，行间距的宽窄会影响文章的篇幅长短。如果想给读者带来良好的阅读体验，那么最好多尝试不同的行间距或者借鉴别人的优秀排版技巧。

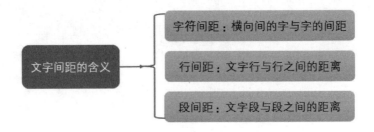

图 6-40

图 6-41　　　　　　　　　　　　图 6-42

在微信公众号文章编辑页面，找到相应的行间距图标进行调节即可，图 6-43 和图 6-44 所示为"默认"行间距和"2"行间距的效果展示。以笔者的实战经验来看，微信公众平台中文章的行间距最好设置为"1.5"。当然，也可以根据个人的喜好和内容的多少来安排。

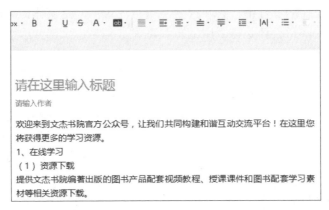

图 6-43

最后是段间距，它的多少决定了每段文字纵向间的距离。它主要包括段前距和段后距两部分，如图 6-45 和图 6-46 所示。

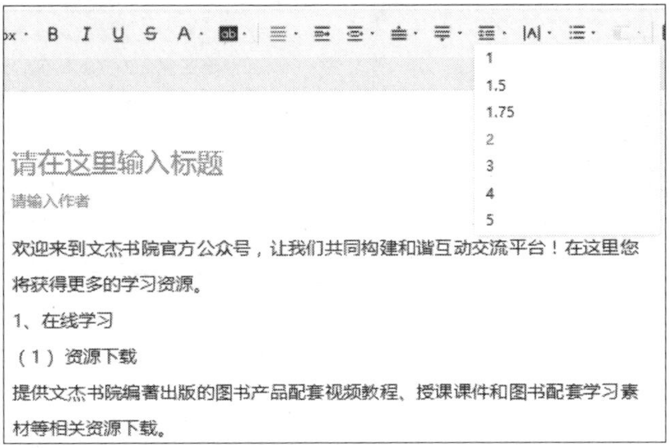

图 6-44

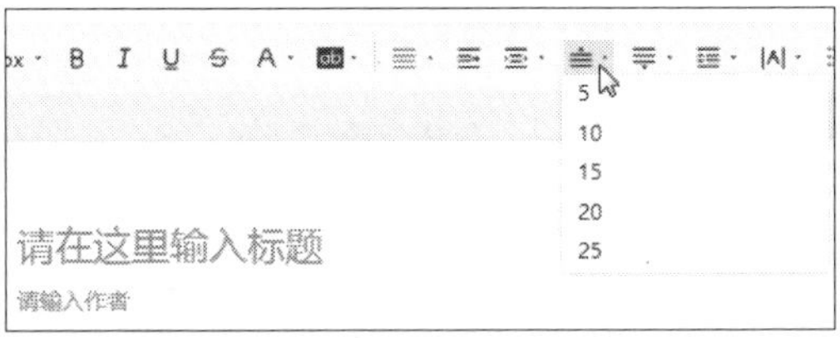

图 6-45　　　　　　　　　　　　图 6-46

　　段前距和段后距都有 5 种间距范围可供选择，可以根据自己平台读者的喜好去选择合适的段间距。如果不清楚读者喜好的段间距风格，可以向读者提供几种间距版式的文章，并呼吁读者投票选择自己喜欢的段间距风格。如此一来，就能确保大部分的读者得到良好的阅读体验。

　　首行缩进和分割线也是排版设计中不可忽视的问题，一篇文章除了内容要充实外，格式也要有条理。首行缩进的目的是把分段的文字区别开来，给读者以层次感。分割线也是一样，而且分割线更容易在视觉上给读者带来舒适体验。分割线可以用于文章的开头部分，也可以用于文章的结尾部分，尤其是在大段文字的后面，最好使用分割线，让读者轻松掌握文章重点，理解文章含义。

　　以"数艺设"微信公众号为例，它发布的文章排版就比较富有特色，整体给人以舒适之感，如图 6-47 和图 6-48 所示。从细节上看，字号大小适中，各种文字间距恰当，对重点内容还进行了加粗处理。值得一提的是，文章还运用了分割线来打造层次感，是比较经典的排版方式。

　　无论是什么新媒体平台，排版设计都是比较重要的一个环节。当然，内容的撰写也不容易，但是光有内容而不重版式也是行不通的，只有将内容和版式完美结合才能赢得读者的青睐。

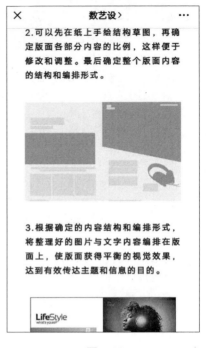

图 6-47　　　　　　　　　图 6-48

6.2.8 结尾设计

很多新媒体平台账号，尤其是微信公众号，都会在文章结尾处特定的版面对平台之前已经推送过的文章进行推荐，目的是引导读者关注之前的内容，增强读者的黏性。

微信公众号引导关注的内容大多以"推荐阅读"和"猜你喜欢"为主，如果公众号拥有自己的网站，就会在文章的最下方设置一个"阅读原文"按钮，尽量把读者吸引过去。那么，这些内容的具体含义究竟是什么呢？笔者将其要点总结为如图 6-49 所示的 3 点。

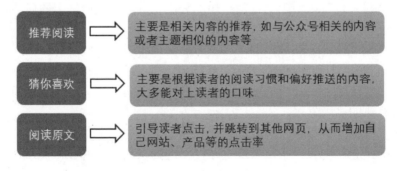

图 6-49

最常见的是"阅读原文",这也是一种比较实用的引导方式,同时它也分为多种不同的形式,具体如图 6-50 所示。

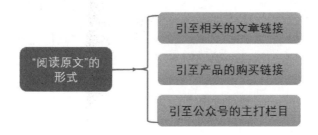

图 6-50

虽然文章的结尾可能不是那么引人注目,但是如果设置了相关的引导,也会吸引部分读者打开链接,并成功进行吸粉引流,或者是推广产品。

以"文杰书院"微信公众号为例,它的结尾采用的就是"阅读原文"引导方式,如图 6-51 所示。在文章的结尾插入了"阅读原文"字样,通过蓝色字体区别开来,吸引读者的点击,之后就会进入"文杰书院"的官方网页,如图 6-52 所示,直接引流,既便捷又轻松。

图 6-51　　　　　　　　　　　　图 6-52

6.2.9 排版编辑器

以微信公众平台为例,它所提供的编辑功能是比较有限的,只有最简单的文章排版功能,显得太单调,不够吸引读者的眼球。因此,一些功能更齐全的第三方编辑器应运而生,不少创作者利用这些编辑器来帮助自己设计出更多有特色的文章版式,以引起读者的注意。

现在网上这种第三方的编辑器很多,下面笔者就为大家介绍常见且好用的 3 种,具体如图 6-53 所示。

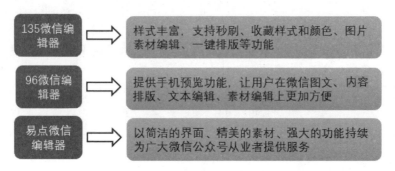

图 6-53

使用第三方内容排版编辑器的好处较多,具体来说有如图 6-54 所示的 3 个要点。

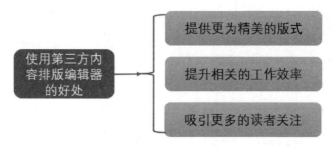

图 6-54

第7章 新媒体文案的营销与推广

本章主要介绍新媒体文案的营销技巧与新媒体文案的推广方式方面的知识与技巧,如突出利益以激发客户购买欲、微信公众平台推广等内容,同时还讲解如何优化搜索排名。通过本章的学习,读者可以掌握新媒体文案营销与推广方面的知识,为深入学习新媒体文案知识奠定基础。

7.1 新媒体文案的营销技巧

本节导读　企业从不同的角度,通过软文进行营销运作,可以增加消费者的新鲜感,普通消费者看到不常见的食物,往往会花费一点儿时间来"摸清底细"。软文的存在无非是为了促进相关产品的销售,那么,在这个过程中我们又应该怎么做呢?

7.1.1 与同类产品进行对比竞争

人们常说:"竞争对手不仅仅是敌人,还是自己最重要的老师。"所以,如果企业引入外界的竞争者,就很容易激活内部的活力。软文的写作也是一样的,从竞争对手那里获得灵感,也是增加阅读量和吸引人气的方法之一。

当创作者想通过文章来推广相关的企业产品时,比较适用的方法就是向竞争对手学习,不仅要学习软文的写法,而且还要学习对方产品的特点,具体的学习方法如图 7-1 所示。

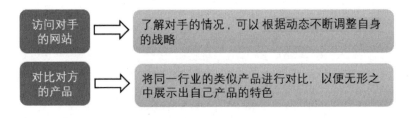

图 7-1

那么,在打造这样的软文过程中,具体应该如何将内容中涉及的产品进行合理的对比呢?或者说,在对比的时候,又应该注意哪些问题呢?笔者将其诀窍总结为如图 7-2 所示的 3 点。

部分企业的软文会通过挑出其他企业产品的缺点来凸显自己的优势,这种做法是不可取的,既有损品牌的名声,也不是推广产品的长久办法。软文营销也和做人一样,讲究信义道德,如此才能得到受众的喜爱和支持。

以"企鹅吃喝指南"在微信公众号推送的文章为例,就是将店铺卖的四川即食红心猕猴桃"金红一号"与市面上常见的猕猴桃品种做甜度对比,如图 7-3 和图 7-4 所示。

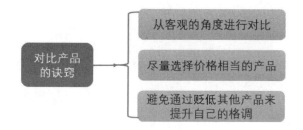

图 7-2

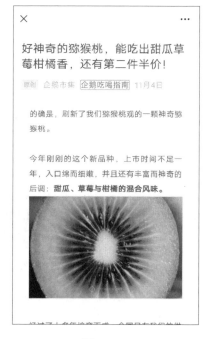

图 7-3

图 7-4

对比的目的只有一个，即证明本店铺所卖的猕猴桃更甜，让读者产生购买的欲望。

7.1.2 以连载的形式发布软文

人们在阅读时，总是趋向于寻找同一类型或主题的文章，力图全方面了解有关类型的知识。因此，在打造软文时可从这方面着手，着力打造一些经典的、具有代表性的专题，以迎合读者的阅读兴趣和习惯。值得一提的是，这样的连载内容更容易使读者沉浸其中，从而有效促进产品的销售。

利用连载类专题安排软文内容，有着极大的优势，具体如图 7-5 所示。

在通过连载的方式推送软文的时候，一是要懂得设置悬念，持续吸引读者的注意力；二是要选择富有价值的选题，也就是值得细讲的知识和经验。如果只是冗长无趣的知识讲解，那么就会引起读者的不悦和反感。

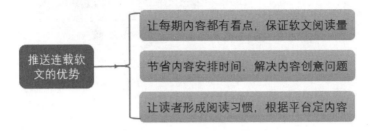

图 7-5

以"琰琰婚礼日记"在微信公众平台推送的文章为例，就是通过连载的方式展示的。图 7-6 和图 7-7 所示为一个 Vlog 短视频系列，夹在平时推送的文章中，为读者带来不同于阅读文字的新鲜感。

图 7-6

图 7-7

7.1.3 突出利益以激发客户购买欲

在通过软文进行营销的过程中，为了使对方愿意购买商家所推出的商品，必须花大把的时间和精力来激发客户的购买欲。

那么应该如何激起读者的消费欲望呢？具体来说可以采用哪种方式来激发客户的购买欲呢？笔者将主要的方法总结为如图 7-8 所示的 5 个要点。

在了解对方需求和购买力的基础上，最大限度地激发其购买欲。除了上述方法外，还可以从所推出的产品或服务能够给客户带来的利益角度进行介绍，做到一切以

"客户利益"为中心,针对商品或服务来推送信息。

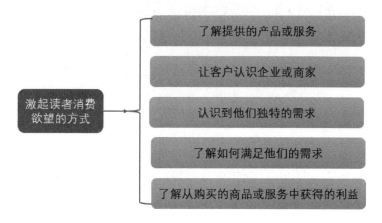

图 7-8

在"客户利益"这一点上,商户们应该重点强调商品的安全性能、外观设置、是否经济实用以及能否给用户带来效益等。从客户所得利益出发,不断为客户分析他们能从商品中得到的好处,这样才能激发客户的购买欲望。

因此,在撰写软文的过程中,要重点围绕"读者的需求和利益"这一重点来写,突出显示他们能够获得的实际好处。

以"小仙女酱"在微信公众平台上发布的软文为例,如图 7-9 所示,其推送的文章是女性们比较关心的秋冬季减肥问题,如何在吃得健康的同时又能瘦下来呢?引出通过食用轻食品牌"田园主义"的食品来达到健康减肥的目的,同时在文章结尾给出限时优惠福利,突出展示了读者能够得到的利益。

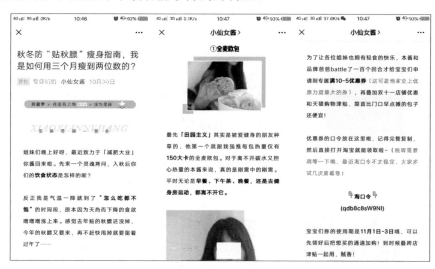

图 7-9

7.1.4 利用稀缺性制造客户的紧迫感

中国有一句古话叫"物以稀为贵",意思就是越紧缺的资源价值越高。很多时候,某种资源比较丰富时,对它的需求量相对比较少;相反,资源稀缺时我们会更想得到它,积累价值。比如说黄金、紫檀木等,这些东西在资源供给方面有一定的限制性,而正是这种限制性,激发了人们想要购买它们的欲望。换句话说,这些稀缺的东西是"值钱"的。

软文撰写者其实也可以把这种心理用在软文的写作之中:一来可以促使读者第一时间阅读文章内容;二来制造产品供不应求的氛围,会让购买者对这种商品充满好奇心,并且想尝试购买,一探究竟。

那么,在具体的撰写过程中为了成功引起读者和客户的紧迫感,到底应该怎么做呢?笔者将其窍门主要总结为如图7-10所示的3个要点。

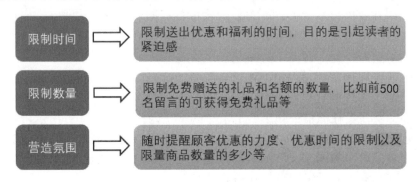

图 7-10

需要注意的是,在撰写这种充满急迫感和紧张感的软文时,同样也要学着给读者提供相应的实际利益,满足其一定的需求,如赠送礼物、名额及机会等。既然写出来就一定要兑现,这也是使得读者长期关注你的文章并购买推荐产品的保障。

制造稀缺性这一方法利用的是众多读者的好奇心理:究竟是什么东西如此火爆?怎么还有人排队去购买?不仅是写软文,在日常的购买行为中,很多人也喜欢抢购这一比较紧迫的方式,如电商行业的"双十一"等节日就是由此衍生的。

"屈臣氏服务助手"微信公众号发送文章,就是通过一边送福利、一边制造紧张氛围的方式来获取读者关注的。如图7-11和图7-12所示,通过限制时间、地域等结合起来制造紧张氛围。

一般的企业都会通过制造稀缺性这一方式来吸引消费者的关注,因此,在撰写推销产品的软文时,最好也着力于紧张氛围的营造,让读者赶紧行动起来,从而实现软文营销的理想效果。

图 7-11

图 7-12

7.1.5 制造热卖感

社会上的绝大多数人都喜欢跟风,看到哪里人多就会去哪里,热卖的东西人们喜欢跟着抢,很多人说好的东西就相信是好的,这是很明显的从众心理。

根据这种心理,企业可以制造热卖情景的软文进行营销,吸引消费者的眼球,用软文写出真实的情景,营造热烈的氛围,让读者产生一种产品热销甚至断货的感觉,从而让他们在热潮中产生购买的冲动和迫切感。

那么,应该如何制造出产品的热销场面呢?根据笔者的经验,常用的方式有如图 7-13 所示的 3 种。

通常在实体店中,为了营造商品热卖的场面会采用播放音乐、喊口号以及招揽顾客等方式,事实也证明大多数人都爱去氛围比较热烈的店铺购物。因此,在撰写软文的时候,制造热销的氛围也是十分有必要的,这不仅能够吸引读者的眼球,还可以提升产品的销量。

以"今日日本"在微信公众平台推送的软文为例,如图 7-14 和图 7-15 所示,该文盘点了热销时间超过30年的日本知名化妆品，同时还附上了商品图片，引起了读者好奇，看过文章后读者会去淘宝网搜索相关化妆品，达到了软文营销的目的。

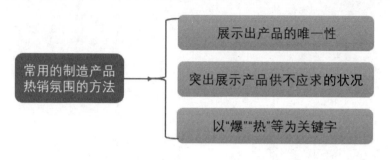

图 7-13

其实，制造商品的热销场景并不困难，最重要的就是掌握读者的心理，知道他们想得到什么，是高质量的产品还是贴心的服务，或者是两者都想得到。只有摸清读者的心理，搞清楚他们想要什么，软文营销的效果才能得以体现。

图 7-14

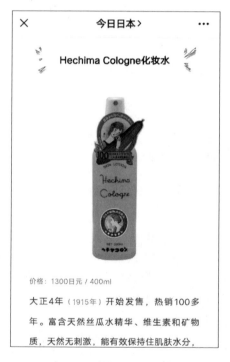

图 7-15

7.1.6 借明星造势

软文的撰写不能忽视明星效应，这种效应不仅可以积攒人气，而且还会带动广大人群的积极性，特别容易引起粉丝们的追捧和支持。但需要注意的是，明星效应是利弊兼具的，因此，软文的撰写应重点选择正面形象的明星作为主角，这样才不会有漫骂声或质疑声。

巧妙利用明星效应是营销中的常用手段，如果要通过软文进行营销，这也是一种不可错过的方法。因为这种方法有很多好处，具体如图7-16所示。

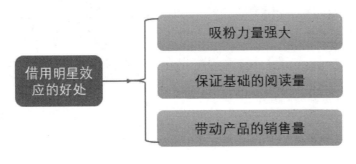

图 7-16

在创作的过程中，究竟应该如何做才能将明星效应发挥得恰到好处、淋漓尽致呢？笔者将其主要方法总结为如图7-17所示的3种。

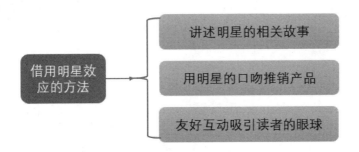

图 7-17

"德芙 DOVE"微信公众号发布的一篇名为"用一块巧克力，寻踪周冬雨'三步云旅行'"的文章，是通过明星出镜短视频的方式来撰写软文，如图 7-18 和图 7-19 所示。

这则软文的特色在于两个方面：一是通过明星短视频的方式来吸引人气；二是与读者建立情感沟通，让产品与旅行结合在一起，并以明星之口来进行宣传和推广，有效吸引了读者的眼球，从而进一步促进了产品的销售。

值得一提的是，明星力量固然强大且不可思议，但也不能完全忽视明星素材与产品内容的结合。如果只是机械的生搬硬套，就很难达到软文营销的效果，既降低了软文的价值，也无法有效推销产品。

图 7-18　　　　　　　　　图 7-19

7.1.7　晒单

　　互联网营销中少不了晒单和晒好评等分享类营销的方式，其重要意义是吸引消费者关注商家，从而使其产生更多的消费行为。而这种营销方式同样也可以运用到软文营销之中，因为巧妙晒单是激发目标客户购买欲的最佳手段。

　　商家们在软文中进行相关产品营销活动推广的过程中，除了需要呈现产品的图片和基本信息外，为了取得顾客的信任，也可以晒一些成功的交易单。值得注意的是，在晒单的时候，还要遵循两点原则，即适度和真实。

　　那么，应该如何做到适度和真实呢？笔者将其具体的表现总结为如图 7-20 所示的两点。

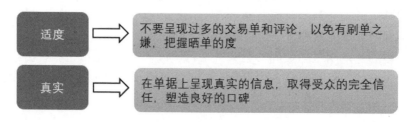

图 7-20

切忌犯了部分微商刷屏的错误，有句老话道"微商朋友少"，就是指的这种刷屏的做法。还有，我们平时无论是晒单还是刷好评，都需要注意节制。现在的大部分消费者都接受不了突如其来的硬性广告，所以需要在方式方法上注意这些细节。

从营销角度来说，适度地晒一些交易单之类的营销信息，可以大大刺激消费。那么晒交易单究竟有什么好处呢？一是可以勾起读者的好奇心，很多人看到此类信息都会忍不住阅读；二是提升读者或者客户对产品和品牌的好感度和信任值，从而保证产品的稳定销量。

以"四六级考虫"在微信公众平台推送的软文为例，该公众号举办了四六级线下公益模考，为让同学们提前体验考场氛围，检验学习成果，组织了四六级模拟考试，发布了很多全国各地高校学生参与模拟考试的图片，吸引更多的学生加入模拟考试，如图7-21和图7-22所示。

图 7-21

图 7-22

7.1.8 晒好评

在进行软文营销推广的过程中，为了让顾客更充分地信任产品和品牌，还可以把受众的好评拿出来"晒一晒"。通常提到"好评"，大家立马就会想到淘宝。实际上，无论是淘宝还是微信公众号，或者是微信小程序，都使用了展示优质评论以吸引更多人群的这一营销手段。

"好评"可以称得上是比较自然植入的营销方式之一,很多场景都需要它来引起消费者的关注和购买欲,特别是在网络营销日益成熟的市场环境下,很多消费者都是通过在网络上获取信息来选择产品的。因此,晒好评是最富有价值的广告形式之一。

那么,在软文中应该如何晒好评呢?虽然好评容易得到,但怎样更好地呈现需要掌握一定的技巧,具体如图 7-23 所示。

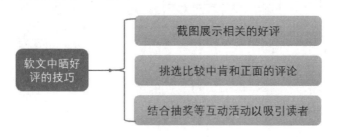

图 7-23

很多商家和企业在软文中晒好评时没有注意挑选的标准,结果往往会使得预想效果与实际效果不符。而好评一方面是为了吸引读者的目光;另一方面也是为了让更多的读者参与到评论中来,从而为传播品牌奠定更加坚实的基础。

以"企鹅吃喝指南"在微信公众平台推送的软文为例,该文就是通过展示粉丝的评论留言截图来吸引更多的关注,如图 7-24 所示。

图 7-24

7.2 新媒体文案的推广方式

本节导读　一篇软文如果做到了内容优质、针对人群精确及营销方式巧妙，就意味着已经成功了一大半。那么，剩下的一小半是什么呢？即宣传推广。虽然在打造软文的时候就已经考虑到了传播的问题，但还是要在后续的过程中对其进行专门的推广，如此才能达到理想的效果。

7.2.1 今日头条推广

随着自媒体的火热，各大新媒体平台也开始层出不穷，而今日头条就是其中比较著名且火热的一个，如果想借用它来推广软文，可以通过抓住关键词的方式进行热点推广。

众所周知，头条号是一个资讯丰富且聚集了很多优秀自媒体的新媒体平台，有不少的创作者在此平台上找到了自己的位置，实现了自身的价值。不仅如此，他们还能够做大做强，学会了通过文章进行营销和推广。

那么，在头条号上应该如何来宣传和推广呢？由于平台明确规定不能带有明显的营销字眼，因此最好事先掌握一些小秘诀，如图 7-25 所示。

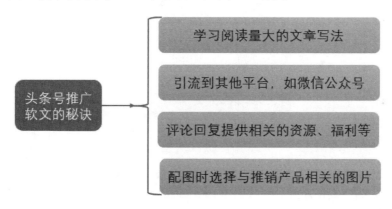

图 7-25

在引流到其他平台的时候，为了绕开头条平台的严格审查，也需要掌握相关的技巧，因为通过头条平台审核的文章中是不允许出现如"微信""微信公众号"等字眼的，因此掌握引流的诀窍很重要，笔者总结了如图 7-26 所示的 3 种方法。

学习别人撰写和引流的技巧十分重要，主要是对其标题的写法、关键词的把握以及引流的技巧进行学习和研究，得出经验，然后学以致用。

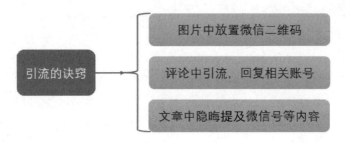

图 7-26

以"美食达人计划"在头条号上推送的内容为例，它几乎每天都会发布一篇文章，而且节假日也会按例发文，如图 7-27 所示。

图 7-27

很多企业和商家之所以选择在头条号的平台上进行推广，一是因为平台资源丰富，受众比较多；二是因为头条号的平台支持政策比较优惠，对于很多创作者而言有实际的利益帮助，因此成功的概率更大。当然，虽然今日头条提供了很多便利和优惠，但最好还是保证发文的质量，如此才能达到推广的理想目标。

7.2.2 App 推广

随着移动互联网和移动设备的不断发展，App 已经成为众多商家和企业推广营销的重要阵地。软文营销也是一样，借助 App 的良好平台可以享有更多的曝光机会，进而提升软文的阅读量。

在 App 平台上进行营销推广是很多商家、企业经常使用的一种手段，有的甚至已经达到了炉火纯青的境界。为什么如此多的商家和企业都愿意在 App 上宣传和推广产品呢？笔者认为有如图 7-28 所示的 3 点原因。

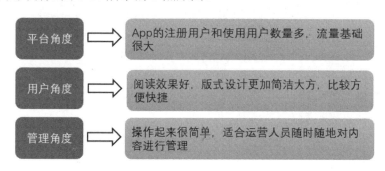

图 7-28

那么，应该如何在诸多的 App 上进行软文营销，并保证软文营销取得一定的成效呢？笔者将其经验技巧总结为如图 7-29 所示的 5 点。

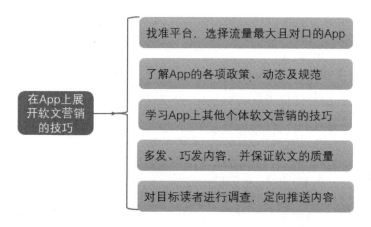

图 7-29

值得注意的是，在选取 App 平台时，由于平台繁多，最好根据自己的需要来选择，盲目选择往往会让效果适得其反。而且在学习其他优秀的软文时，应该事无巨细、一一分析，如标题怎么取能获得更大的点击量、正文如何引流或者植入广告等。

手机淘宝上有一个"有好货"板块，以用户推荐好物的形式宣传产品，在此板块可以利用粉丝量大的用户账号进行软文营销。图 7-30 所示即为用户名为"有爱也有家"的拥有 15 万淘宝粉丝的账户推荐的云月日历。

图 7-30

因为手机淘宝的特殊性质,软文的写作大多都是围绕自身平台的商品展开的,目的是吸引更加精确的目标消费者,通过推荐、揭秘及经验分享等方式来推送软文,从而进一步勾起消费者的购买欲望。

7.2.3 朋友圈推广

微信朋友圈是一个可以随时随地发表动态、展示心情的平台,很多人喜欢关注朋友圈的动态,看看自己朋友们的近况。企业可以利用微信朋友圈来做软文营销,从而获取流量、产品曝光率及品牌关注度。

企业在朋友圈里进行软文营销之前,要先研究朋友圈的以下两个特性。

① 朋友特性。在朋友圈做软文营销就是拿自己的名誉做赌注,只要还想保持朋友关系,就不能对自己的朋友坑蒙拐骗,从而取得朋友们的信任。

② 圈子特性。俗话说"物以类聚,人以群分",一个圈子里的一群人肯定有共同爱好或共同经历,这也是软文营销在朋友圈运行的价值所在。

朋友圈的这两个特性,奠定了软文营销在朋友圈运行的强大威力和无限效果。在知道朋友圈特性之后,就要开始掌握一些技巧来发布软文了。下面介绍如图 7-31 所示的在朋友圈中进行软文营销的 6 个技巧。

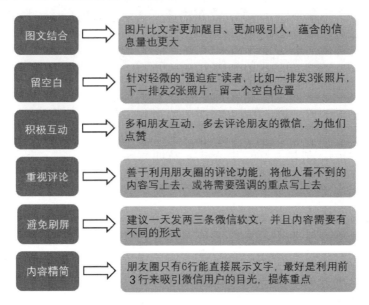

图 7-31

以某蛋糕店为例,它在朋友圈中营销的手段就比较高明,主要是通过图文并茂的方式来推广产品,而且还会采用短视频等不同的方式来推销产品,如图 7-32 所示。

图 7-32

朋友圈推广和营销实际上是比较常见的一种方法，它不仅愈加流行，而且还渐渐形成了标签性的一大群体——微商。不得不说，这种微型的软文营销方式效果确实十分显著，只要懂得经营，一定会有所收获。

7.2.4 微信公众平台推广

微信公众平台的口号是"再小的个体，也有自己品牌"，可以看出它对于企业的品牌推广而言是很重要的。现在大多数企业和商家都开通了专属的微信公众号，目的是通过这个平台传播品牌和产品的影响力，从而更好地促进销售。

微信公众平台有服务号、订阅号及企业号三类，不同的平台类型拥有不同的功能，分别介绍如下。

- 服务号。服务号类似于企业售后中心，是为用户提供服务的一种账号，因此它的宣传能力是比较弱的，一个月里面只可以发送 4 条群消息，而它的优势在于可以自定义菜单，公众号可以自己设置各种不同层级的服务菜单，方便订阅粉丝快速地通过菜单找到自己想要的功能，可以容纳、结合的内容与功能要更为丰富一些。服务号给企业和组织提供更强大的业务服务与用户管理能力，帮助企业快速实现全新的公众号服务平台。
- 订阅号。订阅号显而易见是一种引流账号，也就是吸引粉丝的主体。订阅号主要功能就在于可以进行快速的信息宣传，其每天都可以发布一条群消息，除此以外的其他功能较弱，但是也可以通过在文章内引流，结合小程序来实现多样化的功能及变现，也是目前相对来说存在数量最多的一类公众号。订阅号为媒体和个人提供一种新的信息传播方式，构建与读者之间更好的沟通与管理模式。
- 企业号。顾名思义，企业号就是企业专用的账号，这类账号的作用在于企业自治，或是行业合作、沟通等，可以帮助企业更好地进行内部、外部的资源管理，通过在微信这个平台上面快速地加强企业的信息同步以及协同效率，强化企业对于员工的管理以及对于线上业务的交接。企业号为企业或组织提供移动应用入口，帮助企业建立与员工、上下游供应链及企业应用间的链接。

企业或个人可以根据自己的需求进行微信公众号的选择，然后利用微信公众号进行有价值的软文营销。那么，应该如何在微信公众平台上进行营销和推广呢？主要的方法如图 7-33 所示。

其中，在为微信公众号取名时，有多种方法可以借鉴，如图 7-34 所示。

同时，在推送消息时，无论是什么类型的公众号，都应该遵循如图 7-35 所示的两点要求。

微信红包是微信用户非常喜爱的一个功能，因此在企业微信公众号里适当发一下红包，可以吸引微信用户的注意力，拉近彼此之间的距离。

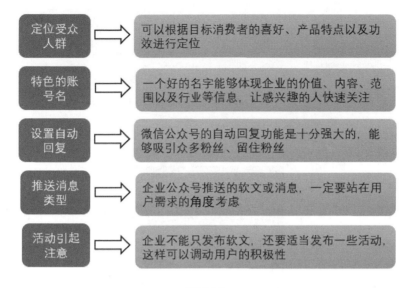

图 7-33

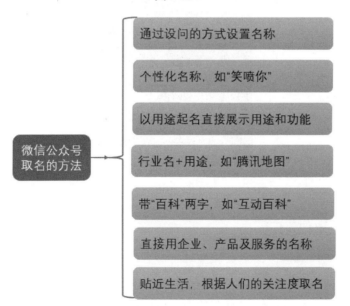

图 7-34

微信公众平台的营销推广已经一步一步愈加成熟，不管是企业还是个人，都能够通过推送文章来获取一定的效益。图 7-36 所示为"必胜客"公众号推送的文章，它主要通过比较直接的图片广告形式推广自己的产品，标题"狂欢 5 天，买一送一"采用的则是比较醒目的数字式，有力地吸引了读者的注意力。

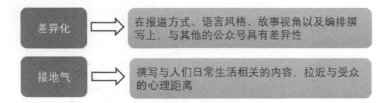

图 7-35

图 7-36

7.2.5 微信群推广

如今不少的微信群已经成为消费者搜索产品、品牌，进行互动交流的重要场所。微信群组可以实现一对多的沟通，为企业提供接近消费者的互联网平台。

微信群是比较私密的，一般只有关系比较好的朋友或者是有固定关系纽带的人群才会成立一个共同的群。人人都有理由建立一个微信群，然后在微信群里不断地交流，个人可以拉近与朋友的感情，企业可以拉近与粉丝的距离。

微信群有一个非常大的特点，即免费。建群无须花费任何费用，只要微信里有朋友，都能免费建群。微信中的成员都可以直接把自己的微信好友拉入群，通常并不需要对方同意就可加入。

那么，在微信群进行营销推广的时候，究竟应该怎么做好呢？如何营销才能赢得受众的好感和信任呢？笔者将其要点总结为如图 7-37 所示的 4 点。

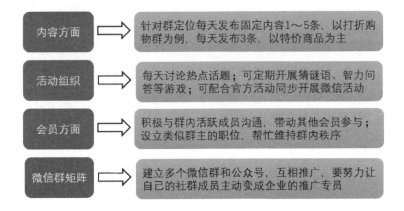

图 7-37

微信群是"抢红包"的好场所，因为微信的便捷性，更多的社群成员希望参加进来，从而能在自己所在的社群中享受"抢红包"的乐趣。如今，发红包已经成为企业利用互联网展开营销的普遍手段，红包的金额可以不大，但只要发了就能引起用户之间"抢红包"的兴趣，因此这样的互动是很有必要的。

以"天天鲜花特价活动群"为例，这是一个鲜花店老板建立的顾客微信群，其中的群成员也大多都是曾经在店里买过花的顾客，或者是由这些顾客拉进来的有买花意向的新人，每天这个鲜花店会针对固定几种鲜花做特价活动，并把活动通知发到群里，有购买意向的人看到了通知就会去和老板私聊联系，如图 7-38 所示。这个群之所以能够吸引如此多的成员，主要是因为它能给群成员带来实实在在的利益，做到了精准营销。

图 7-38

7.2.6 QQ 群推广

QQ 群推广是一种比较简单的推广方式,虽然比较机械和呆板,但是这种推广方法行之有效。它也属于社群推广的一种,虽然很多人认为微信群的功能已经超过了 QQ 群,甚至已经将其取代,但不可否认的是,QQ 群仍在某些方面具有得天独厚的优势。

那么,QQ 群推广究竟有哪些好处呢?笔者认为其优势有如图 7-39 所示的 3 个要点。

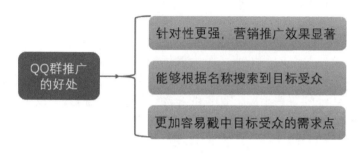

图 7-39

既然 QQ 群推广的好处这么多,那么在具体的操作之中应该怎么做呢?笔者将其推广简单总结为如图 7-40 所示的流程。

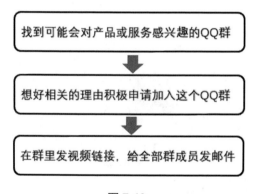

图 7-40

在借助 QQ 群进行营销推广的过程中,需要对用户进行精准定位。比如推广护肤品,就可以选择加入爱好护肤的 QQ 群中。如果没有提前准确定位用户,就可能"竹篮打水一场空",难以达到理想的推广效果。

例如,通过在 QQ 中搜索"护肤"关键词,即可看到诸多美容护肤的 QQ 群,点击进去就能看到相关的介绍,如图 7-41 所示。

图 7-41

7.2.7 微博推广

在微博进行软文推广时，最好以一种活跃的气氛出现在读者的面前，这样才能引起读者的注意力。如今最为火爆的微博展现形式就属"视频+文字"和"图片+文字"了。此外，动图也以自己独特的魅力吸引了无数人的目光。总之，不得不说微博平台是一个十分热门、火爆以及充满活力和生机的话题聚集地。

微博作为庞大流量的焦点平台，向来是各大企业和商家宣传推广的不二选择，结合微博本身形式多样、信息内容精简等特点，软文营销在此成为可能。而且，通过微博这个平台，软文可能会获得更多的浏览量，可以进一步提升产品的曝光率和销售量。

虽然微博平台拥有诸多推广、营销的优势，但要想获得理想的营销效果，却不是轻轻松松就能做到的。那么，在微博上究竟应该如何进行推广呢？笔者在这里总结了如图 7-42 所示的 3 种方法。

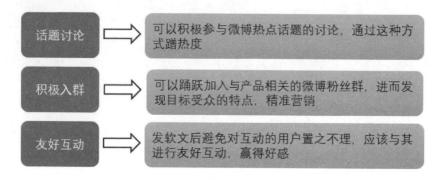

图 7-42

利用微博进行营销推广时,还要注意软文的推送时间是否合适、形式是否动人以及内容是否符合受众要求等。而且在一些节假日期间,还要注意加大营销的力度,懂得把握时机。

很多品牌商会在微博找人气博主进行合作。人气博主粉丝多,利用他们的流量为自己的产品发微博宣传,是微博常见的一种营销方式,图 7-43 所示即为肯德基找名为"死鬼王二胖"的博主进行营销推广,该博主为肯德基发布了宣传微博,并配有图片,还在文案中加入了#肯德基硬核午餐#和#午餐 19 元硬核返场#这两个话题,让这条微博更容易被找到。

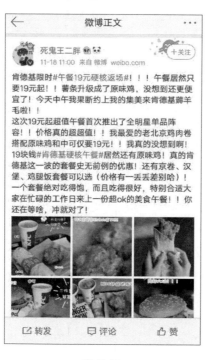

图 7-43

"@"在微博里的作用非常重要，企业可以巧用微博里的@功能，但不要滥用，有时候可在博文里@明星、媒体及企业等。@推广是微博中比较有价值的推广方式之一，学会@推广，可以借助公众人物的粉丝扩大自己的影响力，从而更有力地推广产品和品牌。

如果企业在某个领域有一定知名度，那么可以@知名媒体和明星。如行业名人微博或企业微博，在有一定影响力的前提下，这些媒体或名人会考虑回复你的内容，从而借助他们的粉丝扩大自己的影响力。但大多数微博用户是不具备这个条件的，普通微博用户可以选择@如图7-44所示的3类用户。

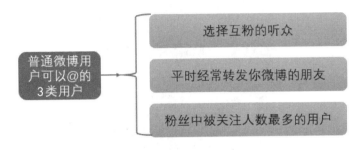

图 7-44

此外，在微博进行@推广的时候，也要注意一些相关的问题，具体注意要点如图7-45所示。

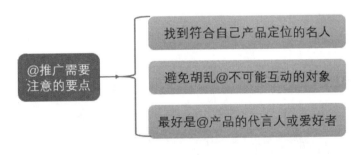

图 7-45

虽然@推广的操作简单可行，但在实际的推广过程中要注意相关的细节，避免做无用功。

以"绝对伏特加中国"的@推广为例，此条微博官宣全球品牌代言人为蔡依林，并@了代言人的微博，还添加了与代言人有关的话题，如图7-46所示。

"绝对伏特加中国"的@推广是比较成功的，一方面涉及了比较出名的明星，吸引了人气；另一方面还通过话题让更多人了解"百城绝对夜计划"这个品牌举办的活动，让更多人参与进来，聚集了人气。

图 7-46

7.3 优化搜索排名

本节导读　互联网时代,各企业商家都在想尽办法在搜索引擎上进行优化,以提高自己的排名和点击量。那么,应该从哪些角度掌握优化搜索的技巧,使得软文的排名更加靠前,从而传播得更加广泛呢?本节将专门介绍优化搜索的方式,帮助大家提升软文阅读量。

7.3.1 百度指数

百度指数是一个研究关键词的工具,主要以图表的形式显示关键词的搜索量和变化,包括"指数探索""数说专题""品牌表现"及"我的指数"栏目。

虽然百度指数是对百度搜索进行的关键词统计，但在这个移动互联网还没有完全统一时代的情况下，网络用户的网站搜索趋势可以代表移动端搜索的趋势，而百度又是人们已经习惯的搜索网站，因此，要多多关注百度指数的关键词动态。

那么，使用百度指数究竟有哪些好处呢？或者说，百度指数作为研究关键词的工具，有何过人之处呢？笔者将其主要优势总结为如图 7-47 所示的 3 个要点。

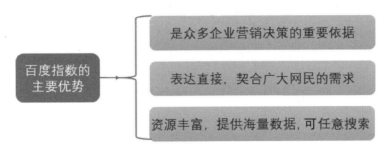

图 7-47

百度指数的功能包罗万象，为用户提供了诸多便利，具体的功能包括如图 7-48 所示的 5 个要点。

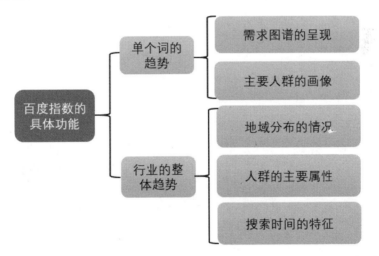

图 7-48

以"美妆"这一关键词为例，在百度指数搜索框输入它，便会出现如图 7-49 所示的页面。可以看到，这里会展示"美妆"一词的趋势研究，即它的"搜索指数概览"和"搜索指数趋势"。

《劝学》一文中提到："君子……善假于物也。"当要对某个关键词进行研究的时候，也需要学会巧妙借助百度指数工具，从图上分析关键词的各项指标，如"趋势研究""需求图谱""资讯关注"及"人群画像"等，如此才能使得软文的排名更加靠前，阅读量不断上涨。

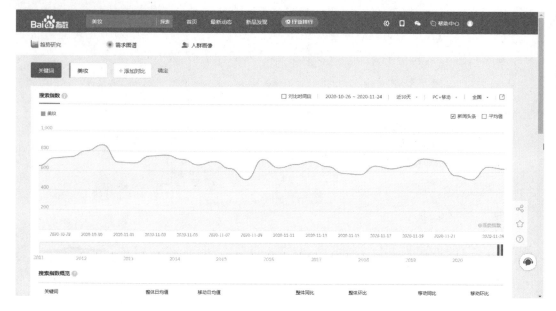

图 7-49

7.3.2 网络关键词

基于互联网和移动互联网迅速发展环境中的大数据应用，网络上能搜集到无数个关键词，企业对于在公众号上主要推广的软文，应该把握好网络关键词的推广。

因为网络上的关键词一般都是关于当时网民们所关注的热门事件，如果企业及时地利用热门事件进行微信软文营销，把网络上的关键词融入其中，一定能引起很多网民们的注意，取得较好的推广效果。

一般可以利用搜狗浏览器的微信搜索进行关键词的认真挑选，它会把微信最新的订阅关键词和热点关键词显示出来，企业可以快捷地找到适合自己产品的公众号关键词。

此外，还可以通过移动端，直接搜索微信中的热门关键词。图 7-50 所示为微信的搜索界面。

如果想通过蹭热点推广产品，可以借助这些热门关键词来写软文内容。不过需要注意的是，不可生搬硬套，要软性植入，让读者读起来没有违和感。

微信搜索中的热点关键词主要针对微信用户，因为大多数使用微信的用户会在微信搜索自己感兴趣的信息内容，这一行为导致许多关键词成为热门关键词。因此，在软文中如果学会了找准角度和热点，嵌入相关的关键词，就能够有效提升文章的浏览量。

图 7-50

7.3.3 软文关键词

软文可以恰当、完整地把商品信息展现在读者面前，能够起到正面描述与推广产品的作用。这不得不归功于软文中关键词的设置，如果软文中没有嵌入与产品信息相关的字眼，很难起到推广和宣传的作用。因此，软文中关键词的设置是至关重要的。

在微信平台上，软文的关键词主要是针对微信上的文章。通过微信搜索，用关键词进行搜索定位，大家往往会选择打开在搜索排行榜前列的公众号和文章。

那么该如何计算关键词的搜索排名呢？企业可以利用 SEO(搜索引擎优化)来搜取关键词搜索排名。SEO 是专门利用搜索引擎搜索规则，提高目前网站在有关搜索引擎内自然排名的方式。那么，具体应该怎么做呢？笔者将其主要方法总结为图 7-51 所示的 6 点。

例如，在微信中点击"搜索"图标，输入关键词"奶茶"，在搜到的结果中选择"文章"选项，就会出现带有关键词"奶茶"的公众号文章，并且是按点击量排名的，如图 7-52 所示。

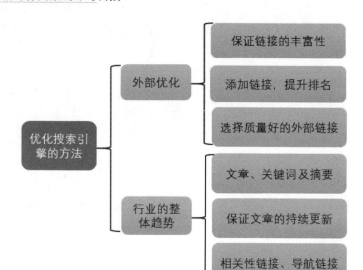

图 7-51

图 7-52

7.3.4 用户角度

在微信平台进行软文营销,就应该借助其社交属性,消除人与人之间的距离感。

想知道用户如何进行搜索，就要从用户的角度去思考、选词。

具体来说，应该怎么从用户的角度进行思考呢？笔者将其总结为如图 7-53 所示的 3 个要点。

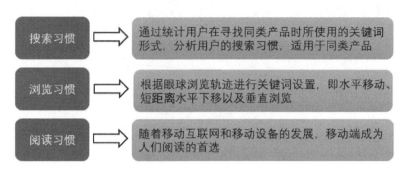

图 7-53

以"摄影"一词为例，在微信搜索中输入之后，即会出现用户搜索较多的相关关键词，如"摄影技巧""摄影作品""摄影师""摄影大赛"等，如图 7-54 所示。假如我是用户，看到"摄影作品"，估计也会点进去一探究竟。说不定还会关注与之相关的公众号，成为固定的粉丝，购买摄影书或摄影教程。

图 7-54

无论是软文营销，还是设置软文中的关键词，都不能缺少从用户的角度思考这一环节。因为写作的目的是让读者看到，而设置关键词的目的则是让更多的读者更容易看到。两者的受众都是读者，如果不从读者和用户的角度出发思考，那么关键词的设置大多也是失败且没有成效的。

7.3.5 对手角度

《孙子·谋攻篇》道："知彼知己，百战不殆。"因此，在设置关键词时，最好多多了解对手的公众号，搞清楚他们的关键词和布局情况，这样不仅能找到优化漏洞，还能掌握目前关键词的竞争热度，以便进行人力优化部署。

从对手的角度出发，思考关键词是为了更好地学习他人的长处，借以弥补自己的不足。那么，在思考关键词的时候，究竟应该如何向竞争对手借鉴呢？

笔者将其方法总结为以下3个要点。

(1) 在微信搜索中搜索与自己产品相关的关键词，重点查看和摘录在搜索中排名靠前的关键词，然后做对比分析。

(2) 去网站上查询与搜索结果显示出来的排名靠前的公司信息，或直接在微信搜索中搜索这些公司的公众号，然后分析他们的网站目录描述或公众号功能介绍，查看核心关键词或辅助关键词，统计出竞争者名单。

(3) 分析自己公众号上的客户信息，将客户购买的产品信息中出现的关键词统计出来，可将关键词的重要程度进行分类汇总，找出客户关注的重点关键词。

值得注意的是，从对手的角度出发设置关键词的时候，需要花费比较多的时间和精力，但也应该多多把握细节，不能因为耗时耗力就随便敷衍了事。

值得注意的是，从竞争对手的角度思考关键词的方法固然奏效，但一定要明确产品的各项特征都比较吻合，特别是主要的功能要相似；否则这样想出来的关键词对于软文营销的作用是不大的。

第8章 新媒体活动策划

　　新媒体活动策划方案应包括活动目的、活动对象、活动背景、活动主题、活动方式、活动时间及地点、广告配合、过程监控、费用预算、意外防范、效果预估以及相关附件等内容。本章将介绍新媒体活动策划方案的结构、撰写策划方案的技巧及活动策划书的基本格式等内容。

8.1 新媒体活动策划方案结构

本节导读　作为新媒体文案，不仅需要具备优秀的文案撰写能力，更需要一定的策划能力。大部分企业的新媒体文案的招聘岗位会被命名为文案策划、新媒体文案策划等，这都是体现了企业对于文案所拥有的策划能力的重视。本节将结合文案结构介绍媒体文案活动策划的相关知识。

新媒体活动的策划主要包含节假日互动活动策划、特定背景的互动活动(如周年庆、公关活动)策划、新品上市活动策划、促销活动策划等几种类型。在撰写活动策划方案时，无论是活动的目的还是形式，均需遵循活动策划的12个要点来撰写，包括活动目的、活动对象、活动背景、活动主题、活动方式、活动时间和地点、广告配合、过程监控(前期准备、中期操作、后期延续)、费用预算、意外防范、效果预估和相关附件。

通过对这12个要点的阐述，可让上级领导或老板更好地评估活动的可行性及投放预算，也方便相关同事一起配合落地执行。

1. 活动目的

首先应明确活动目的，要根据活动目的来策划不同的活动形式。如果活动目的是为提升销售，那么整个活动的形式和内容都会以提升销售为主线，活动形式和内容可能会是送优惠券、买立减等，并且设置的目标就会是提升销售××%；而如果活动目的是为扩大传播，则活动形式可能会是有奖转发，活动目标则会类似为阅读量××万、转发量××万、活动参与率××%(活动参与率=阅读量/参与量)。

2. 活动对象

即活动针对的是哪部分人群，是整个目标市场还是特定的群体。活动对象也同样决定了活动方式及广告投放，如活动是针对刚生完孩子的妈妈，则需要找到妈妈们关注的点，以及她们常去的社交媒体平台或论坛，在她们最容易出现的时间、地点，以她们乐于接受的活动方式来做活动。

3. 活动背景

活动背景主要阐述为什么要做这个活动，如市场环境的因素，或销售下滑、品牌知名度较低等原因。

4. 活动主题

活动主题主要是给目标人群一个参与活动的理由，主题需简短、有力、有号召力，如公益活动的主题"为爱同行"、京东坚果促销活动的主题"全民坚果狂欢"。

5. 活动方式

即通过怎样的方式去达到活动目标。活动目的、人群、背景的不同都决定了活动方式的不同。新媒体常见的活动方式有有奖转发、有奖征集、抽奖、留言点赞、玩游戏送券等。

6. 活动时间和地点

即具体的活动时间、地点，不仅限于现实生活的地理空间位置，微信、微博等应用平台也算是活动地点。

7. 广告配合

做一次活动，有时还需要相关的广告配合支持。此时需要确认广告投放地点，如一个主要在微信上做的活动，还可通过在品牌自身现有的其他资源如官方微博、客服个人微信账号等途径进行宣传，也可借助其他平台或其他人的力量，如通过微信自有的朋友圈发广告、其他大号转发广告等。

8. 过程监控

过程监控主要分为前期准备、中期操作、后期延续。

(1) 前期准备。需要确认相关人员的安排、物料设计、活动测试或预演。人员的安排需要确保每件事都有主要负责人以及具体的完成时间，如谁负责物料设计、谁负责发放奖品、谁负责顾客投诉等。另外，还需要注意预演一次活动，以确保活动整体流程和体验没有问题。

(2) 中期操作。主要是活动开展期间的跟进，实时跟进活动参与人数、顾客反馈，遇到问题快速解决。

(3) 后期延续。即使活动做完了，是否还需要考虑后期的延续，进行再一次宣传，或回顾整场活动的盛况，让用户感受活动的余温。

9. 费用预算

列出各项事务需要花费的明细及总金额。此项主要给领导或老板查看，以评估具体花费是否合理。

10. 意外防范

每次活动都有可能出现一些意外，通过预测可能出现的问题，并思考好对应的方法会将损失降到最低。如抽奖可能会出现问题，事先做好两手准备，设置好一个备用抽奖链接,一旦抽奖出现问题马上更换为备用抽奖链接。

11. 效果预估

预测本次活动会达到的效果,以利于活动结束后与实际情况进行比较,从活动宣传、活动执行、用户参与等方面总结成功及待改进的方面。

12. 相关附件

附件一般为"活动统筹执行表""活动推广表"等,主要为确保活动能够顺利进行,相关配合人员都了解自己的工作职责及完成时间等。

以上 12 个要点为一个活动策划案的基本结构,可根据具体情况进行调整运用。具体的呈现方式可用 PPT,也可用表格文档。如需提交给外部公司一起协作或征集相关资源,则最好用 PPT 呈现,PPT 呈现效果会更好,也能够体现企业的重视程度;若为公司内部运用,而公司对方案无具体要求时,也可用表格、文档的形式呈现。

8.2 撰写策划方案的技巧

本节导读 对于应该策划一个什么样的活动,周围的人乃至自己都抱有一定的期许,比如我这次活动一定要惊爆全场,或者粉丝数一定要疯狂飙升,或者转化率一定要超级无敌高等。本节将介绍一些活动策划方案的技巧,帮助策划者事半功倍地达到活动目的。

做活动运营,最关键的不是创意,也不是去模仿别人的案例,而是套路。我们不要妄想每次做完活动都能一炮而红,一次就能传播得非常之广。低成本、高传播,这样的活动可遇而不可求,必然是天时地利人和促成。

要想搞好一个活动,最重要的是能够稳扎稳打、有效地达成活动目标,如图 8-1 所示。

很多人在策划活动时觉得活动不就是做做策划,然后执行一下吗?实际上并不是的,你应该遵从这 5 个步骤。

第一步:调研。我到底要给谁做这场活动,我做这场活动的目的是什么?

第二步:策划。我到底要怎么做。一定要记住策划是策划、执行是执行,在策划的过程中最好能把各种细节、各种突发情况都想到,然后在执行的时候就不要做大的更改了,这样才是真正的策划。

第三步:筹备。你能否做好各种准备工作,如活动需要的文案、图片等。

第四步:执行。在执行阶段需要关注的是活动的数据,以及用户现在的状态,而不是把东西发出去了事。

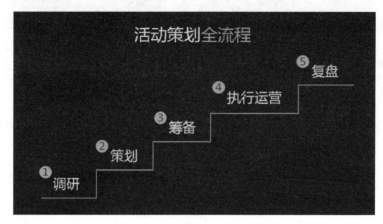

图 8-1

第五步：复盘。很多活动策划者为什么没有进步，为什么一次次的活动策划完成之后，仍没有很大的提高，因为他们没有进行复盘，他们不知道什么地方是做得好的，什么地方是不好的，什么地方下次应该继续使用，哪些坑应该避开，所以进步很慢。

了解了基本步骤后，接下来就是如何具体策划一场活动，需要遵循哪些原则，应该策划哪些东西。讲一个最简单、最基础、很老套，但依然有用的办法：5W2H 分析法，我们要知道的是 What、Why、Where、How much、How、When、Who，如图 8-2 所示。

图 8-2

翻译过来如图 8-3 所示，请分别对应你的活动主题、活动目的、活动载体、配套资源、活动形式、时间节点和参与人员。

图 8-3

首先是活动主题,你的活动主标题是用来传播的,所以一定要足够简洁、朗朗上口、便于传播。

副标题是可以做补充说明的,如果用户对你的活动不够了解,看到你的副标题就能非常清晰地了解自己到底参加了什么活动、能获得什么东西,如图 8-4 所示。

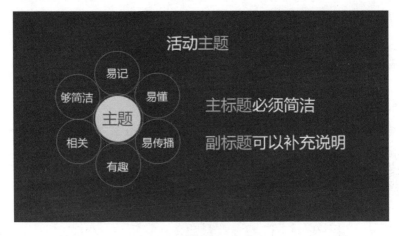

图 8-4

然后是活动目的,可以粗略地分为 6 种,如图 8-5 所示。

第一种叫唤醒,唤醒是指现有的用户沉淀在这里了,但死气沉沉,虽然在我们的用户池,但是不和我们互动了,他们去哪里了?通过这个活动唤醒他们,让他们保持活跃度。

第二种叫召回,我们的目标用户由于种种原因离开了我们,但是我们还知道他们在哪里,通过一些办法把他们召回来。就像很多游戏召回老玩家有奖励,因为他们还保持了与新玩家和现有玩家的社交关系,这就是召回。

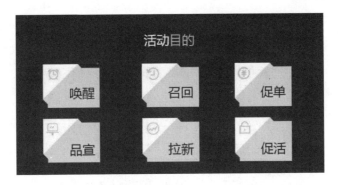

图 8-5

第三种叫促单，用户现在缺临门一脚，马上就要购买我们的产品了，通过这个活动给他一个促单。

第四种叫品宣，没有促单的意图，只想让更多的人知道我们。

第五种和第六种分别是拉新和促活，它们是联系在一起的，即怎么才能把新增的用户拉过来，怎么让他们留下来，留下来怎么保持活跃度。

活动载体特别多，如微博、微信这几个比较大的平台。微博、微信最大的区别在于，微博是一个广场式的载体，所有人都能看到你的东西；而微信是你不关注对方就不知道他干了什么事情。

但是微信可以借助朋友圈不断裂变，通过微信群进行陌生流量的转发。微博的好处是所有人都能搜索到你的东西，能参加你的活动。

另外，还有现在很流行的直播和短视频，通过一场直播就可让大家知道你是什么样的人、有怎样的风格。

短视频目前还处于红利期，如西瓜视频、360 的快视频等，平台越来越多。而且用户也很喜欢这种"短频快"，有视觉冲击感的东西。最后是线下媒体，是做线下活动不能忽略的，如图 8-6 所示。

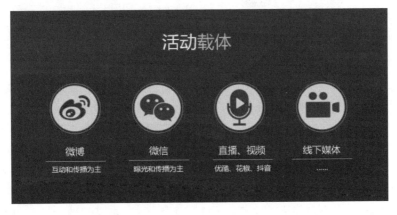

图 8-6

配套资源，简单来说，就是你的设计资源、开发资源、传播资源和运营资源，到底有哪些资源现在可以用，在活动策划之前就要把它们列举出来，如图8-7所示。

图 8-7

还有时间节点，很多人不知道活动在开始前是有预热期的，只是直接在活动上线的时候发出东西，这样只有在那个时间点关注你的人才能知道你的活动是什么。

所以，最关键的活动策划和执行周期是在预热期，你能吊起多少人的胃口，能让多少人对你的活动充满了期待，这是你要最关心的事情。

接下来是活动的引爆期和长尾期。引爆期是将所有的资源砸进去，再通过长尾期让更多的人继续参加活动，并且保留二次传播的素材，如图8-8所示。

图 8-8

策划结束，接下来该好好进行素材筹备。在活动开始之前需要将所有物料准备好，如文字、图片、视频，以及活动当中的引爆点等。只有这样，在执行的时候，在既有的时间点发出既有资源，才不会手忙脚乱。素材的筹备包括不同平台的不同文案的准备，如图8-9所示。

筹备阶段完成，活动开始，执行和运营也要启动。当活动开始之后，就要对他们进行数据的监控，其中有非常多的数据，像用户分享率、用户留存率、页面流失率等。通过对数据的监控来保证整个活动更好、更完整，能高效地运转，以便对我们的活动设置进行微调,如图 8-10 所示。

图 8-9

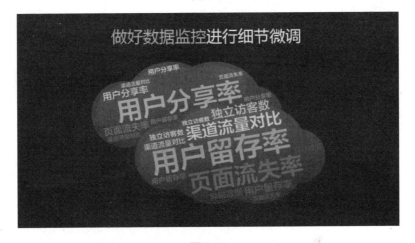

图 8-10

在运营阶段,首先要运营好你的核心用户和长尾用户。对于核心用户,很多人都知道"二八原则",20%的用户贡献了 80%的流量,因为他们是真正有影响力的人,搞清楚和他们活动有什么问题,你可以帮助他们什么,怎么才能让他们参加活动变得更好、更爽以及更好地分享。

而对于长尾用户,他们数量巨大,影响力甚微,甚至很多人参加完活动发现自己拿不到奖品就放弃参与了,这时该怎么办。可以给他们加入抽奖机制,只要参加活动到一定的程度就可以参加抽奖。很多用户就会觉得自己参加一次也没有什么问题,分享一下并没有什么损失,还能参加抽奖,还有可能得到一个大奖,就会增加活动的参与人数,如图 8-11 所示。

图 8-11

在活动运营时一定要记得做好活动的二次传播。第一种是用户自发产生的东西，可以将这些展示在其他未参与的用户面前，激发他们的兴趣。第二种是我们自己埋的一些引爆点，自己去做一些好玩的东西，伪装成用户自己产生的东西。肯定会有人说这不是作假吗？但这就是活动运营当中的一部分，如图 8-12 所示。

图 8-12

活动结束后，要及时进行复盘。复盘分为 4 个步骤，即回顾你的目标是什么、你的效果达成到何种程度、分析原因是什么、总结经验，如图 8-13 所示。

图 8-13

首先要回顾你的目标是什么，是否达到了，是否偏离了，如图 8-14 所示。

图 8-14

然后根据数据来评估效果。图 8-15 所示为常见的一些数据表现，但是还要具体情况具体分析，看你的活动需要分析哪些数据。

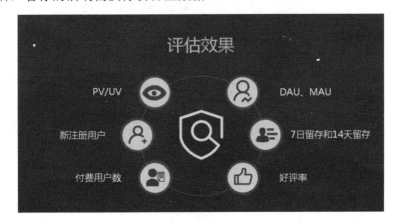

图 8-15

然后要分析原因。到底造成这些数据偏离的原因是什么，在哪一天出现了什么样的问题，这个问题的责任人是谁，如何避免下一次重复犯错，可以从图 8-16 所示的几方面来分析原因。

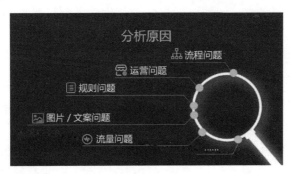

图 8-16

最后一步就是总结经验。到底原因是什么，把它总结出来写成一篇文章，甚至把它总结成一个二次传播的材料，给其他人讲一讲你是怎么做的，如图 8-17 所示。

图 8-17

8.3 活动策划书的基本格式

本节导读　　了解了新媒体活动策划方案的基本结构后，就可以着手撰写策划书了。策划书有自己基本的格式要求，遵循这些要求写出来的策划书才能更利于策划活动的落地和执行，更利于所有协同配合的组织沟通操作。本节将详细介绍活动策划书基本格式的相关知识。

策划书应包括封面与正文两大块。如有附件，可在正文具体位置注明并添加在正文部分后面。全文使用宋体，以 A4 纸单面打印，具体要求如下。

8.3.1 封面

封面由标题、署名及策划书成文日期三部分组成，封面采用 2 倍行距。

1. 策划书的标题

策划书的标题必须详细、清晰，让人一目了然。策划书标题字号稍大于正文，居中排列。其表现形式有 3 种。

（1）公关主体+事由+文种。由组织聘请公关顾问、公司策划公关活动方案，其策划书一般用这种形式的标题。

(2) 事由+文种。由组织内设公关机构策划公关活动方案，其策划书一般用这种形式的标题。

(3) 主标题+副标题。主标题一般是公关活动主题，副标题即常用策划书名称。

2. 策划书署名

策划书署名为策划者单位或个人名称。如方案为群体或组织完成，可署名"××公关公司""××公关部"；对其中起主要作用的个人，也可在单位名称之后署名，如"总策划×××""策划总监×××"。若方案系个人完成，则直接署名"策划人×××"。

3. 策划书成文日期及其他

(1) 成文日期。在署名下面注明策划文案完成的具体日期，一般加括号，如(2020年11月26日)。

(2) 编号。对策划书进行编号，便于存档和查找，如按策划方案顺序编号、按方案的重要程度或保密程度编号、按方案治理的分类编号等。编号标识一般位于策划书标题右上角。

(3) 版记。如策划方案尚属草稿或初稿，还应在标题下括号注明，写上"草稿""讨论稿""征求意见稿"等字样。假如前有"草稿"字样，决策拍板后的策划方案就应注明"修订稿""实施稿""执行稿"等字样。

8.3.2 正文

正文分为活动标题、活动主题、活动目的、活动对象、活动时间、活动地点、活动内容、活动奖励、策划单位、策划时间共10项，为一级标题，可根据活动的差异性稍做调整。除活动标题、策划单位和策划时间外，其他几项均用中文简写的数字标序号(如活动主题等)。如有二级以上的标题，可采用不同数字来区分(1>(1)>①>Ⅰ)。全文使用小三号、仿宋体，1.5倍距，项目名称与序号可以加粗来区别具体文字内容。具体如下。

(1) 活动标题：2号宋体、加粗，将活动单位、活动名称写清楚。
(空一行)
(2) 活动主题：反映活动主旨的口号或最精简的概括。
(3) 活动目的：说明活动最基本的现实意义，以及围绕政府政策及当代社会政治趋势等活动的抽象意义。
(4) 活动对象：用最简洁的语言说明参与的具体对象。
(5) 活动时间：注明活动从举办到结束的全程时间。
(6) 活动地点：注明活动所涉及的所有地点。

(7) 活动内容：活动流程、活动的项目设置、活动的具体要求等相关事宜。

(8) 活动奖励：注明奖项评比规则、奖项设置、具体奖金数额或奖励物品等相关事宜。

(9) 经费预算：整个活动经费预算明细。(空两行)

(10) 策划单位(落款)：右对齐，注明组织者、参与者姓名、嘉宾、单位(如果是小组策划应注明小组名称、负责人)。

(11) 策划时间：右对齐，策划时间具体到××××年××月××日。

8.3.3 附件

需另起一页纸。内容一般为不适合用文字来表达的内容，包括表格、示意图等。